愿你永远是 少年

王旭东 著

中国友谊出版公司

希望一直如少年,

干净、纯粹、勇敢,

看透不美好却相信美好,

见过不善良却依旧善良。

目 录

Chapter 1
演戏是一场意外

CONTENTS

Chapter 2
每个人都有属于自己的路

Chapter 3
这世界一直有人爱着你

演戏是一场 意外

我曾经有三个梦想：

一是做老师，

二是做模特，

三是做演员。

演戏是一场意外

　　不知道你有没有看过《天堂电影院》，电影里，年迈的电影放映师艾佛特告诉少年多多，你在某个地方居住得太久，就会认为那里是世界的中心，相信一切都不会改变。他希望多多离开小镇，去更遥远的地方体验生活。只有走得更远，才能更加了解养育自己的故土。

　　我很喜欢这部电影。老放映师不仅教会了少年多多如何放电影，还教会了他如何体验生活。于我而言，演戏就是一种生活，当我进入某个角色中，从这个角色的角度去看待一切事物、看待生活，然后抽离出来，好像自己获得了一种全新的看待这个世界的方式。

我们每个人的世界本来就应该是丰富的、美好的，是"不远走何谈归"的。对一个年轻的演员来说，或者说对一个刚踏入社会的年轻人来说，演戏无疑给了我很好的机会，让我去体验这个世界的各种可能性，让我积累了丰富的人生经验，也让我的人生有了更多种模样。

我是幸运的，有了这样一个机遇去做一个演员。其实一开始，演戏完全是一场意外。虽然我是非专业出身，却有机会和许多专业演员站在一起，从事这样一份有意思的职业。

现在我还记得当我成为演员时的那种心情，既忐忑又欣喜若狂。演戏充满了辛苦、疲倦，但我更愿意用"有趣"来形容这样一个职业。

我可以扮演不同的角色，体验不同的人生，和不同的人交往，在一个虚构的环境里，发生一段或开心或悲伤的故事。我可能是冷静的，也可能是愤怒的；我可能是好的，也可能是坏的；我可能是个穷苦人家的孩子，也可能是个富二代；我可能出门连公交车都舍不得坐，也可能出门就开玛莎拉蒂……我会演一个生病的人，也会演一个痛彻心扉的人……总之，演尽世间所有的悲欢离合。

演戏是充满新鲜感的，我总是带着好奇心，不断去研究。当我沉迷其中时，不自觉地就会感受到表演带来的快乐、成就感。

我作为一个演艺圈的新人，也不是科班出身，有太多东西需要学习。每当我取得了进步，觉得自己成长了，就特别开心，会发自内心地笑出来，忍不住想给自己鼓掌——演戏真的让我收获了很多东西。这是上天赐给我的一份礼物，让我比别人更有机会去体会这纷繁复杂的大千世界，并把它展现出来，给更多喜欢我的人看。

第一次演戏

运气？机遇？天赋？总之，我是在一个非常偶然的机会中接触到演戏的。

我曾经有三个梦想：一是做老师，二是做模特，三是做演员。

在我做模特的那段时间，复杂的人际关系几乎让我绝望。在一个朋友的介绍下，见了几个艺人经纪人。大家都还蛮喜欢我的，可我却很忐忑，毕竟之前我从来没有接受过表演方面的专业训练。我一个人在北京，没有任何人给我建议，我像抓住救命稻草似的抓住了这个机会。

第一次演戏，是参演江苏卫视的《深爱食堂2》。那时候根本不知道怎么走位，不知道怎么说话，而且还是和保剑锋老师搭戏，面对镜头，面对前辈，面对导演，面对数十个工作人员，我紧张得直哆嗦。我希望自己能够做好，不断给自己施加压力，越是如此，就越怕自己太过紧张而表现得不自然。

记得有一个镜头是拍我吃面，我要表现的是吃得很香、面很好吃的样子，可是我怎么都演不出来。因为没有接受过专业训练，我像被人扒了衣服围观一样，不知所措。

或许你会觉得，"好吃"有什么难演的？那是因为你没有在摄像机的镜头下吃过面。很多人围着你，你不

I hope you stay young forever.

仅觉得尴尬，还害怕耽误其他演员和剧组的工作进度。没想到就是一个简简单单的吃面，对我来说，都成了非常艰难的事。本来是日常行为，突然间不会了，就好像一条天生就会游泳的鱼突然溺水了。

吃面的镜头我演了好多遍，最后还是勉强过的。这事儿让我认识到自己迫切需要学习，要比别人更加努力地去学习，以补上自己所欠缺的表演课程。

虽然后来我接受过专门的表演培训，但培训之前，因为不会演戏，又很想做好这件事，有些许挫折感。那段时间，我回到家里就找来各种电影、电视剧、教学视频看，自己琢磨，跟着剧里的演员自学。"在戏中没有刻意表演的痕迹"，我想这是很多演员一直在追求的目标。

作为演员，我知道自己是在演戏，可故事里的角色们是完全在过自己的生活。故事有剧本，但生活没有，在角色的世界里，他们过着自己的生活，他们应该是自然的，有喜怒哀乐，会遇见不同的人和事。就和戏外我们的生活一样，一切意外，一切宠辱不惊，一切伤心难过，都应该是最自然的反应。在我看来，这大概就是作为演员最优秀的品质吧，演什么就是什么。可能现在我还达不到，但我一定会为了这个目标而努力的。

我是在一场年度大戏中突然顿悟，找到演戏的感觉的。那是最难的一场戏，我要"揭秘"我的班主任就是我爸爸。当时，我一直找不到感觉。

导演问我："你想让大家知道，班主任是你爸爸，你的感觉是什么样的？是害怕，是难以启齿。你说的时候，会觉得自己是在无可奈何、迫不得已的情况下才说出来的，所以有一种可怜的成分在里面……"

导演说了很多，我突然一下子就醒悟了。一个场景、一个画面，观众看到的可能就只有几秒钟、几分钟，但你得把它拆分开来，想想它应该蕴含怎样的情感，你应该通过什么方式把它表现出来，比如从微表情、语气、动作上去表现它。

当时我的戏中有一个中景和一个特写，全是一条过。这给了我极大的鼓励，我好像找到了表演的秘诀了。尽管现在回头去看，发现其实我演得也没那么好，可当时我觉得自己超厉害。这种感觉就像上小学的时候，期末考试取得了好成绩，被老师和爸爸妈妈当众表扬，你就发誓下学期一定要取得更好的成绩，因为你喜欢被表扬的感觉。

从反反复复拍一个镜头，到一条过，对我来说是质的飞跃。瞬间，我觉得演戏就是我这辈子要坚持做的事。因为它是我所热爱的事业，我能掌控得了。虽然充满挑战，但我知道我可以慢慢把这件事做好。我想，每个人对自己所喜欢的事，从陌生到熟悉，都一定会经历这样一个过程。

好好学习

好长一段时间里，我都坚持做记录，养成了一种复盘的习惯。

今天演了一场感情戏，我觉得自己的感情表达不到位，应该怎么去调整……

今天演了一场雨戏，不应该把雨想得太重要，而是借助下雨的环境和氛围来表达自己的感情……

作为刚入门的新人，尤其是非科班出身，每一次我做好了，就非常自豪；如果做得不好，就会记录下来，下次一定改进。不管有多辛苦，我都希望把戏演好。

　　记得有一次拍戏，拍了一个通宵，全是体力戏。早晨八点开工，化妆，坐两个小时的车去现场。十点，剧组的人搭场景，我们换衣服，然后在沙滩上打排球、踢沙滩足球，在沙滩上奔跑、跳舞。到了晚上，又是点篝火，又是放烟花……收工的时候，已经是第二天清晨六点多。

　　那是我第一次觉得演戏真的很有成就感，也真的不像看起来那样轻松。哪怕你已经体力透支，也要保持良好的精神状态，表现得很有活力，因为你要向观众呈现出欢乐的一面。所有的疲倦，等收工后坐车回到酒店才能得以释放。相信很多人都有过类似的感受，被自己认真的样子打动了，哈哈！因为专注时的热血感，确实可以让自己在做事时产生自我认同。

　　我记得下戏之后，我们一群演员上了大巴，陷在座

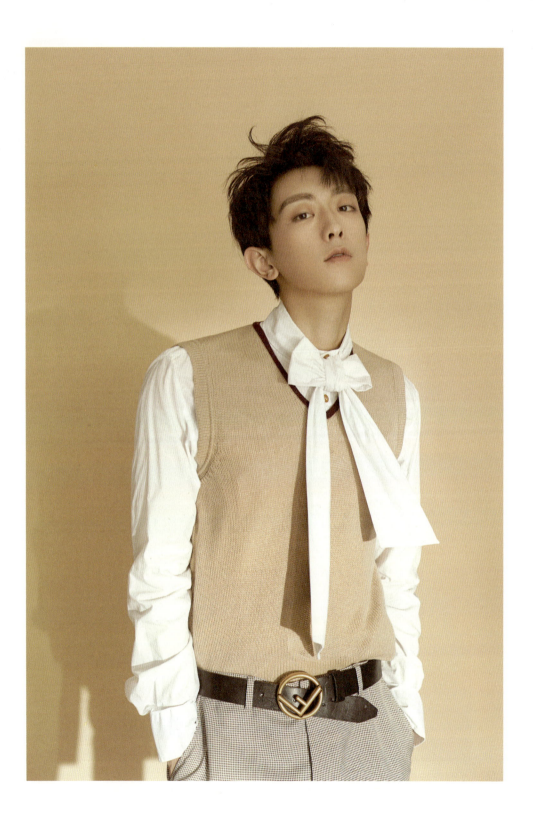

椅里，哪怕不像床那么舒服，但瞬间就可以睡着。这一组戏，确实消耗了大家几乎全部的精力。当时，我在迷迷糊糊中听到司机大哥说了句："哎哟，你们这帮演员，睡得真快啊！"醒来的时候，已经到酒店了。

不管多么累、多么辛苦，我都会觉得，这就是在体验人生啊！我是在体验戏里的人生，亦是作为演员的我的人生。你能情感饱满地撑过这样一组戏，就像你咬着笔头，终于解决了一道超难的数学题，或者终于拿下了准备了好久的项目，或者你追求了大半年的男孩或女孩，你终于从他或她的眼神里看到了肯定的答案。你知道，一切都是值得的。

去体验，去经历，是一种超快的自我成长。就算再辛苦，我也总是保持着谦逊学习的心态，因为路还很长呢。

不在剧组拍戏的时候，除了看优秀的电影、电视外，我大多数时间都是在看剧本，揣摩自己在剧中的角色、我的身份、我的台词、我在说出这句台词前后的故事、我在剧中所面对的人。剧中的一切都是我需要去体会的东西，就像是另外一个我在自然而然地过着自己的生活。毕竟，真正的生活从来没有机会演习，没有导演喊停，而拍戏时，又似乎不是在拍戏，仿佛那就是生活本身，是被艺术化的生活，是充满情感的生活。

能将自己代入到剧情中，那是一种境界。可有时候没有办法代入，仍然需要一些表演的技巧，这些技巧表演课程会讲。看电影的时候，我也常常会跳出戏来看演员的表演技巧，暂停，拉片，感受那些感情，思考演员是如何通过自己的表演体现那些感情的。

　　无论从事任何行业，学习都是我们从稚气走向成熟的必经之路。

融入戏里的角色

下戏之后能从戏里走出来，是演员的基本职业素养。但是当你融入戏里时，那种角色开心就是自己开心、角色难过就是自己难过的感觉真的很特别。

《快把我哥带走》让我体会到了这种感觉。不过，也让我遭到了少有的批评。

《快把我哥带走》本来就是根据漫画改编的，所以比较夸张。有一场哭戏，我怎么也演不出真正的难过，仅仅停留在表演的层面。演了好几次，都没有找到感觉，导演有点生气，说："你这就只是在'演'，太难看了，

根本没有进入到角色的情绪里。"最后那一条草草地就过了，我自己也觉得挺抱歉的。

晚上吃饭，导演语气不好地说："你还好意思来吃饭啊？！"

我很诚恳地给导演道歉，说："我今天确实没演好，对不起，状态不好。"

导演说："状态不好，就多看看剧本啊！"

导演语气很严厉，但是我知道，导演是希望我能做得更好，克服困难，突破自己。我接受导演的批评，同时内心也很难过。最后，临走的时候，我又给导演道歉，说我回去好好反省一下。

有时候批评非常重要。如果所有人都夸你厉害，演得真好，你可能真的做得还不错，但绝非完美。所谓"兼听则明，偏信则暗"，这个世上没有完人，又怎么可能有完美的演员？

不过，一旦有人说你不好，比如导演说你演得很糟糕，没资格吃饭，那你就应该接受这个批评，去思考怎么把自己的本职工作做好。那场没演好的哭戏，一直被我当成一个警钟，提醒自己我是一个演员。

说到这里，我突然想到，很多粉丝就过分期待自己的偶像有完美人格，因而引起了很多网络暴力。其实不管歌手也好，演员也罢，他们都不是完美的人，也并不是不食人间烟火。他们有可能做得不好，你可以指出来，但请多包容他们，因为每个人都是从不完美慢慢变得完美的。

《快把我哥带走》里还有一场哭戏，我真是难过得不行。我在戏里的角色叫甄开心，是一个篮球队的队长，我和时分关系很好。我们俩都是热血少年，爱打篮球。甄妈妈说，这场比赛输了就再也不能打篮球了。你知道那种背水一战的感觉吗？可惜最后真的输了。当时进入角色，我完全感觉不到是在演戏。我和时分在那儿抱着哭，是真哭了，哭得稀里哗啦的。当时的感觉就像在《灌篮高手》中，湘北队打了那么久，最后却没有能够夺冠。

那就是痛彻心扉的感觉，就是那种让你和自己所热爱的东西或者心爱的人强行分开的感觉。我觉得自己好像真的是篮球队长甄开心，输了至关重要的比赛，以后再也不能打篮球了，那种难过的感觉足以击垮我……

后来，甄妈妈看到我们抱头痛哭，过来说："虽然这次输了，很丢人，但是下半学期再好好训练吧。"

　　突然又被允许可以继续打篮球了，这时候，我们又喜极而泣。那是一种完全不同的哭法，特迷幻。

　　同样是哭，却蕴含了不同的意义，而且你必须瞬间切换过来，真的挺难的。

　　拍完那一条，我和时分的扮演者曾舜晞各自找了一个角落去哭，想把情绪释放出来。如果我们俩在一起，那该哭死了。我在篮球架旁边的墙角里哭，他去了另外一个地方。当时，整个篮球场没有任何人说话，也没有打篮球的声音，特别安静，好像整个剧组都在等我们俩把情绪释放完。

　　我们的眼泪止不住地往下流，哭了足足有五分钟。我脑子里一片空白，觉得自己就是甄开心，我相信曾舜晞那一刻也觉得自己就是时分。

You can cry all the way, but you must not stop.

Happy is a day, unhappy is a long time.

我站起身，擦擦眼泪，因为还得拍下一场戏。一回头，发现导演就站在我身后，差点又流出眼泪来。所有人都在等我，那种场面特感动。我知道，他们是真的心疼我。导演搂着我，拍了拍我的肩膀，这是导演给我的最温暖的肯定。

情感都是要真的

现在想来，我在《快把我哥带走》中似乎投入了好多感情。

记得杀青的时候，剧组的人都直接叫我甄开心，而不是王旭东。

换个角度想，这也是值得开心的事吧。虽然杀青的时候挺难过的，但在某种程度上，至少整个剧组的人都接受了我演的甄开心，我就是他们心目中的甄开心。

记得甄妈妈不让"我"打篮球的那场戏，后面还有一段，就是"我"特悲伤地下跪。"我"被逼着告诉教练，

"我"不打篮球了，完全不是自愿说的。当时情感特丰富，我从很远的地方跑过来，一路小跑，直到篮球场，啪的一下就跪在那儿了。那种情感随着奔跑越来越强烈，那种情绪在我心里也越来越强烈。

　　在正式开拍之前，走戏的时候，我啪的一下就跪下去了。因为那一跪是需要很用力的，带着绝望、无奈等很复杂的情绪。

　　我那一跪太用力，本来膝盖就有伤，跪的时候还没感觉，起来之后发现特别痛。之前做模特的时候，减肥、走T台都伤了膝盖，算是职业病，到了冬天膝盖就特别痛。后来找来护膝戴着，可也没用。走戏的时候，还想着要对台词，真正拍的时候，情绪更激烈，啪的一下跪下去，会更真实。拍完之后，掀开裤子发现膝盖上的皮都破了。

不管是跪也好，哭也罢，都必须来真的，因为情感就是真的，故事里的人物也是真的，彼时彼刻一切都应该如此。

还有一场戏印象很深。"我"和时分吵架了，时分和万幸关系也特好，他们俩就特亲近，把"我"抛弃了。"我"特难过，直到下戏收工之后，也觉得特难过、很委屈。

因为"我"当了军训班的班长，他们觉得"我"很装，觉得"我"变了，不和"我"玩了。当时的情况是，"我"特想证明自己是可以做好一个班长的，但是时分就是不理解，他就和万幸一起出去玩了，不叫上"我"。"我"一个人躺在床上，觉得自己又没做错事，为什么他们要这样对"我"。那种委屈，都被我带进了现实生活里，下戏了之后我都提不起精神。但凡有过类似不被理解的感觉的人，应该都能明白我当时的心情吧。

闹矛盾的那场戏的那天晚上，收工的时候，我在回酒店的车上哭了。我默默地流泪，越想越委屈，越想摆脱那种情绪，代入感就越强。

我之所以如此投入，还是希望把戏演好。事后想想，其实我还挺棒的，给自己点赞。至少我真的感受到了作为角色的甄开心当时的那种心情，在那样的情况下，我让甄开心更具有生命力。

演戏不仅仅是一份属于我自己的事业，也是属于那么多喜欢我的人的事业。

从过去连吃面都不知道怎么演，紧张到哆嗦，到现在能够全情投入一个角色里，我进步了很多，也有了更多的成就感，这是一种让我继续好好走下去的动力。

和这个世界温柔相处

　　演戏是一门很奇妙的艺术。它是在呈现虚构的故事、艺术化的人生，却又是演员最真实的生活体验。它里面涵盖了对于艺术情感的表达，也涵盖了我作为个体，即作为王旭东这个人的情感体验。

　　能融入戏中，认真地体验戏中的生活，又能从戏里抽身出来，这是演员的基本素养。然而，也有意外，有的艺人没能从戏里抽身出来，把戏里的情感延续到戏外，甚至有的演员因为拍戏相识相爱，走入婚姻殿堂，但这毕竟是少数。

艺术和生活，各有其真实的一面。

简单来说，演戏的时候，我在用角色的身份呈现一个故事，同时角色身份又是身为王旭东的我所表演出来的，角色的经历又附着在了我自己身上。

比如我在拍《快把我哥带走》的时候，我所饰演的角色是篮球队长，而现实中的我篮球技术并不好。之前上中学的时候，人也挺胖的，很少运动，后来为了拍戏，即便不爱打篮球，我也必须去学，要学会，甚至学精，这样演出来就不会很假。

训练那段时间，我受过不少伤，脚崴了，摔伤了，经常膝盖上青一块紫一块的。记得当时我还拍照留念，给妈妈看，觉得那些伤疤就像战功勋章一样："妈，你看我厉害吧，我是多么用功地在演戏，脚都扭伤了。"

拍完戏之后，打篮球这项技能并不会随着甄开心这个角色的杀青而消失，反而真真切切地留在了我的身上。我相信演的戏越多，我的经历会变得越丰富，也可以借此学到更多的技能。

拍戏的过程中，我还学了不少以前完全没想到的内容，比如怎样摔倒。有时候在演某些角色时，需要一下子晕倒在地上，没有经过专业的训练，很容易受伤。这样的技能和打篮球这种日常生活里的运动技能不同，却是演员所必须掌握的。这是演戏所需要的，也是自我保护所需要的。

学习是我们需要花一生的时间去做的事。不管我们从事什么工作，过怎样的生活，都得学习。我们可以在培训班学习，通过课本学习，跟着老师学习，去听讲座学习，或者通过一次次人生经历学习。这些都能帮助我们成长，不管是在技能上，还是在心态上。

忠言逆耳，也许我们不喜欢被别人批评的感受，但是被人批评绝对比别人看到你的问题而不告诉你要好得多。在学习的过程中，你会遇到很多优秀的人，如果这时候他们指出了你的问题，你一定要虚心接受，这是对自己负责，也是对自己所从事的工作以及自己的搭档负责。

被批评的刹那间，我也会心里不痛快，觉着你凭什么说我。可不管心里多难受，我觉得人家能成为我的老师，一定有很多过人之处，有比我优秀的地方，有对我的成长有帮助的地方，因此，我应该虚心接受。

能够冷静地面对别人的批评，客观地看待他人的夸

赞，也是成熟的一种表现。我们都在不断成长，不仅仅
是生理上慢慢变得成熟，心智上也慢慢变得成熟，因此，
我们要学会和这个世界温柔相处。

感情戏要谨慎

在拍《快把我哥带走》的时候，因为不能很好地表达难过的情绪而被导演批评，偷偷哭过；因为不被允许打篮球和输掉比赛而哭过；因为突然被允许打篮球而喜极而泣；因为被时分不理解而难过……总之，似乎由于各种原因哭过。

哭戏真的需要很好的演技才能诠释出来。

不仅是能不能哭出来的问题，而且哭还有很多表现形式：有抱头痛哭，有笑着哭，有喜极而泣，有眼含热泪，有默默流泪，有放声大哭……结合场景，结合角色的经历、

Don't lose hope.
You never know what tomorrow would bring.

情绪，每一种哭都有它自己的意义。相比之下，笑就好把握一些，哈哈大笑、嘲笑、微笑，常见的笑不过如此。像我这种长期戴隐形眼镜的人，眼睛就很干，哭出来很不容易，每次哭戏都要酝酿很久。不过好在其中的几场哭戏还挺顺利的，情到深处，自然眼泪就流出来了。

经过这些事情后，我发现多读剧本，能有代入感，哭起来好像也没有那么困难。

但是，对于感情戏，就要特别谨慎了。

虽然我不知道演员会不会因为拍戏而喜欢上一个人——你知道，我说的是可能性——但是，即便再投入地去演一个角色，也要对自己的搭档有最基本的尊重。尊重是工作的基本前提，也是爱的基本前提。

演戏的时候难免会有代入感，演完之后，就应该回到真实的自己。对于感情这种东西，就算你无法摆脱，也应该保持理智。在我看来，即便是演情感对手戏，收工之后，两个人也得保持同事关系，这是最妥当的相处方式。同事关系和友情还不一样，和爱情就更不同了。工作期间，在戏里，你们是男女朋友，是恋爱关系，但到了现实生活中，就得坚守相互尊重的原则。你把人家当女朋友，可能人家还不愿意呢，是吧？

　　记得之前有一段感情戏，我和搭戏的演员在戏里非常甜蜜，但是下戏之后又相互嫌弃、相互打闹、互相调侃，更像是很好的同事关系、很好的合作伙伴。那种下戏之后的关系也挺好的，像好朋友一样，不过和恋爱的感觉又完全不同。其实，爱情戏也很难代入到现实生活中。因为爱情这种感情本身就很强烈，所以在演完戏之后，我会特别谨慎。

　　相比之下，友情和亲情就不一样了，戏里的友情和亲情很容易被带到现实中来。这是因为面对这样的情感，你本身就没有防备。友情是开放的，是有包容性的，是百无禁忌的。爱情其实是有警觉心在里面的，你会出于保护对方、保护自己的心态而去面对爱情，任何不好的传闻可能会给自己及对方带来不好的影响。而且在现实中，恋爱双方有很强的表现意识。爱情本身就是封闭的，是针对个体而言的，你只有进入那样的状态中，才可能做出表达爱的行为。任何人在爱情中都难免会"表演"，把自己最好的一面展现给对方看。因为这个，你反而不会轻易地对他人，尤其是自己的合作伙伴产生感情。

　　爱情戏的搭档，下戏之后可能会不自觉地保持一定距离。然而，亲情和友情不同，她在戏里是我的妈妈，下戏之后，出于情绪培养，方便上戏之后进入那种状态，我还是可能会叫她"妈妈"。

　　戏里戏外和其他演员的相处方式，也是演员必修的课程。

意外走红的视频

我感觉自己是个性格复杂的人，好强、不自信、乐观、活泼开朗……

在我最迷茫的那段时间，我从绘画转向模特，后来又接触了表演。有一段时间，我深深地陷入了自我怀疑中，觉得自己是不是捡了芝麻丢了西瓜。我想每个人都会有这么一个阶段，非常迷茫，其实这也是你迫切地想进行自我探索的阶段。

这让我想到哲学的三个终极命题：我是谁？我来自哪里？我要去哪里？

当你开始迷茫的时候，潜意识里就在思考这几个问题，思考自己的人生去向。迷茫不可怕，反而是好事，只是你必须挺住，熬过这个阶段。

出于这样的心态，我参演了猫的树导演的几个短片视频。当时我心想，或许大家都比较喜欢看爱情故事、情侣日常之类的事情，就当练练手，参演了。随着演戏经验的不断丰富，加上自己对讲故事、情感表达的欲望不断增强，我演得越来越好。本来是一次无心插柳的试验，没想到这些视频竟有五六千万人次的播放量。

当时还蛮意外的，没想到会有那么多人喜欢，能引起那么多人的共鸣。当我尝试着以一个观众的身份再去体验那些"拍着玩"的视频时，却又看出了些许不同。毕竟当时自己拍视频，完全清楚这段视频是怎么规划的、怎么开机的、我怎么演的。其实，我更多的是把它当作一个试验性质的作品，没想到打动人心的往往就是那些简单而真实的画面。

这些视频让我拥有了一批支持者，突然觉得自己幸福得快要爆了。大概是性格的原因，我一直特别没安全感，突然得到这么多人的喜爱，好像多年的缺乏安全感都被治愈了。

第一次感觉到原来我也有了粉丝，有了关注者，他们支持我，给了我很大的幸福感。过去的二十多年里，我很少有这样的感受，就是特有安全感。其实，好长一段时间里，我都没有安全感，在粉丝很少的时候，要是我的粉丝取笑我，我就会很难过。这不是所谓的"虚荣"。后来粉丝暴增，我感觉到，不仅粉丝们从我这里得到了他们想看到的东西，我也从他们身上得到了某些东西。

　　能被那么多人喜欢着、保护着、爱着，我真的觉得自己就是最幸福的人。

　　粉丝们会调侃地喊我"二东""村花"，或是其他一些昵称，能看到他们开心，能让他们从我的短视频、电影或网剧中感受到快乐，我其实比他们更开心。

　　以前的不自信都因为支持我的粉丝们而消失不见了。谢谢你们那么用心地爱着我，让我找到了更自信、更强大的自己。

　　不想让喜欢自己的人失望，也便有了更多的心思去琢磨如何才能做得更好。后来，我也和好些演员朋友一起拍了一些视频。为了追求变化，能让粉丝们看到更多不同的东西，每次我们都会根据主题找不同的人来演。

我和朋友们组成了一个小团队，未来会打造更多好玩的视频内容，会更加注重剧情，真正进行故事创作。毕竟，大家都希望听到、看到真正的有生命力的、能打动人心的故事。

　　这也是我所追求的目标。

　　我们想拍一些实实在在的东西，能勾起别人回忆的内容，能引起别人共鸣的故事，甚至可以让观众感觉到这些事就像是发生在自己身上的。我想，那些故事里的角色才是有生命力的。

　　不管是演戏，还是拍视频，能够赋予一个角色生命力，能够通过自己的表演让观众感受到我所呈现的情感，让大家产生共鸣，这就是这个角色最大的成功，也是对身为演员的我最大的肯定。

自我突破

之前我接受媒体采访，快闪问答，有一个问题——你希望别人夸你帅，还是夸你演技好？

怎么说呢，可能现在很多观众或者媒体人都会对我们这种新人有"偏见"吧。当然，有偏见是好事啊，能督促我们进步——新人是需要督促的啊。我能理解这样严格要求的意义，但是我更想说，也许我们的演技还不是很成熟，但在批评我们的同时，请给我们鼓励，给我们时间，让我们去成长。

世间一切问题并非都是非此即彼。一个人，要么看

Be kind, because everyone is struggling with life.

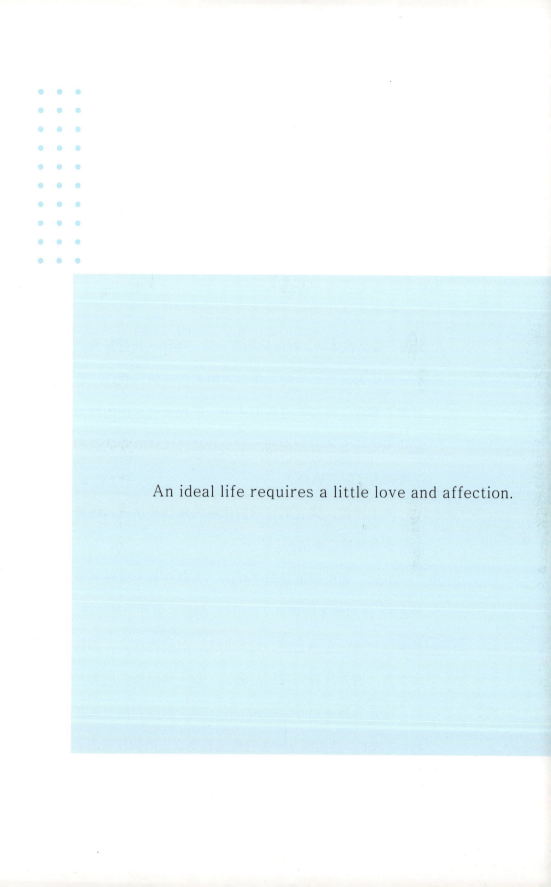

An ideal life requires a little love and affection.

颜值，要么看才华，好像只能占一边。年轻人长得好看，是一种先天优势，但是如果有人因为颜值认识我，并想由此了解我，慢慢知道我的才华，那我觉得这样的颜值也并不是什么不好的东西。至少我通过这样的方式获得了被别人了解的机会。

关于外貌，我之前扮演的角色大都性格活泼，还真的很少有纯粹看颜值的。

不过，都说颜值是留不住的，人都会长大成熟甚至老去的。虽然好多前辈老了也很帅，但那是另外一种帅法。其实我知道，在演艺圈，好多新人，包括我在内，都特别努力。别人只看到我们的颜值，却不知道我们因为年轻，或者非科班出身，在私下花了多少时间和精力去练习、去成长，是如何从一张白纸成长为真正的演技派的。

只是通过这样的努力，人们才在我这张脸上看到了真正的生活的印记。

说起演技，除了观察很多优秀演员的表演之外，我也在导演身上学到了很多。片场就像一个课堂一样，每次在片场，导演、执行导演都是我的老师，跟着不同的导演，我总能学到不同的东西。在拍戏过程中学到的东西，远远比在课本上学到的要多、要有用。

虽然才刚起步，但我也学到了很多东西。比如，作为演员，你必须不断地研读剧本，去了解你所要演的角色，用自己的方式去诠释你所读到的东西。我曾参演过《遇见你这么美好的事情》《李雷和韩梅梅》《我与你的光年距离》《快把我哥带走》等一些短片、电影、网剧，出演过青春搞怪的角色、自闭的角色、古代的王等，或许这些还不能算作我的代表作品，但是我相信在不太遥远的未来，有更多的人会认识王旭东。我要让大家知道，虽然我是一位新人，但我会一直努力去创造出让大家更喜欢的角色。

每个人在成长的过程中都有那么一个阶段在寻找自我认同，处在青春期的人如此，刚入行的演员如此，很多其他行业的人也一样。新人希望得到别人的认可，尤其是得到前辈的认可，更关键的是，得到自己的认可。

《我与你的光年距离》里的春山算是目前为止我演过的比较有挑战性的角色。这个角色因为经历了一些事，比较消极颓废，这对性格活泼的我来说是一种挑战。随随便便生活，不断打破现有的生活状态，也不是我的生活习惯。但是作为演员，接到这样的角色，你就得把自己当作他，你就得表现出抑郁孤独、缺乏生活热情的样子。

参演《快把我哥带走》也是一种挑战。因为它改编自漫画，漫画总是有一种浮夸的感觉，而甄开心这个角色的那种浮夸表现比我在现实中还夸张。可能这样讲起来比较简单，但当你置身其中，会觉得并不简单。而且，甄开心这个角色的身份是篮球队长，这对不擅长打篮球的我来说也是挑战。

不管是《我与你的光年距离》《快把我哥带走》，还是其他作品，每次接受挑战，我都觉得是一次很好地认识自我、突破自我的机会。

以前看一些作家在接受采访的时候，记者提问："你对你的哪部作品最满意？"他们总是回答"下一部"。其实，演员也一样啊，总觉得自己的下一部作品是更棒的。

　　不过，我想我算是比较幸运的了。我的粉丝们都很爱我，他们能看到我的努力，看到我的演技。甚至有人给我留言说，我看起来完全不像没有演过几部戏的新人，这对我来说真是莫大的鼓励。

Chapter 2

每个人都有属于　　自己的路

所有读过的书、

走过的路、

经历过的事、

看过的风景，

总会在某一天，

以某种形式被体现出来，

成为生活中美好的点缀。

培养兴趣

俗话说，"三岁看老"，其实我们走过的路，抑或是要走的路，都可以追溯到小时候。

好长一段时间我都特贪玩，但玩毕竟不能成为终身事业。庆幸的是，那时父母管理得比较严格。

也许有些男生会抽烟、喝酒、夜不归宿，但这些事在我身上几乎不会发生。直到大三之前，我从未喝过一次酒。大三那次，我跟我妈提前通气，说这次没办法，必须得喝。

很多时候，我几点回家、回不回家吃饭、在外面吃完饭什么时候到家，都在父母的约束之中。因为父母管得太严，天性爱玩的我不得不编各种理由出门。但严格的管理也帮助我养成了良好的自律习惯，形成了生活的仪式感。每天起来先要干什么，然后要干什么，应该画画，还是健身、训练。现在想想，它帮助我抵挡住了外界的诱惑，也让我有了更多的时间去接受父母安排的艺术学习课程。否则，我可能很难走到今天。

严格的管理也让我有了一个要远走高飞的梦。所有少年都渴望走得更远，去到更远的地方。谁愿意每天都被关在笼子里呢？

我妈是个思想前卫、有先见之明的人。二十多年前，大多数家长都想着孩子能够好好学习，考个好大学，我妈就想着将我培养成多才多艺的人。用她的话说，多一项技能，也就多一条可以选择的路。她的观念有着某种传统的"江湖气"，但也很有道理。

小时候我接受了太多训练，比如学国画、书法、钢琴、吉他、游泳、田径，甚至还加入了鼓号队。她还教我下围棋，甚至带着年少的我打扑克……

其实，我接触得最多的还是美术，还没上小学就开始临摹齐白石的虾，画大公鸡，还被拉去报名考级。年幼时画的那些国画，现在还放在家里的床底下呢。多年之后，我仍然能提笔画上几笔。现在再看绘画，没有了学习素描那段时间的疯狂练习，觉得画画之于我，更多的是一种心情的表达，而不是一种技巧的学习，画出来的东西，我也不会觉得它是一个能得多少分的作品，而是某天某时某刻我的心情的投射。

前段时间，我又去买了画材，画风景，画太阳，画海，画一切美好的东西，心情也会不自觉地跟着好起来。那种心境，和当初学绘画时完全不同。就好像你是学声乐的，之前你去唱歌的时候，总想着怎么把这首歌唱好，怎么用自己的技巧去表现。现在呢，不管你唱得好不好听，只要开心就好。当你所学的东西成了爱好，也就没有了压力，你就会觉得一切是那么轻松自在。当你带着某种目标，或者将其当成职业、事业去学习，那么感受又大不相同。如果你太想做好某件事，学校里所学的技巧反而成了一种摆脱不掉的枷锁。生活，有时候你需要和它保持距离，这样才能发现朦胧的美。

说到兴趣爱好，这么多年我唯一不敢触碰的就是象棋。姥爷特爱下象棋，而我小时候好长一段时间都跟姥爷生活在一起，他每天都会在小区门口和一些老爷爷下象棋，兴致正浓之时，颇有种指点江山、挥斥方遒的风范。

他下象棋太厉害了，不管我怎么努力，都敌不过他。尽管我从小就会背"马走日、象走田、小步兵"的口诀，却对这样一门陶冶情操的运动产生了深深的畏惧感。

最好笑的是妈妈带我打扑克。那时候全家人都带着我玩扑克，说是要锻炼我的思维能力，可我每次打扑克都会输给他们，因为好强，每次输了就特着急，一着急就哭。

妈妈还会告诉我一些人生大道理，说一些失败是成功之母、学会克服困难、虚荣心不要太强之类的话，还让我总结失败的原因，郑重其事的样子，完全不像是在打扑克。

可那时候我哪能听得懂这些大道理。我听得云里雾里的，擦干眼泪继续和他们玩。现在想想，其实很多事情都是如此，当你走过之后，再回头，会发现很多东西都在潜移默化地影响着你，让你明白成长过程中必然要面对一些问题。

人们常说"物以类聚，人以群分"，什么样的性格，就决定了我们会和什么样的人更容易相处。当然，我们的性格也会体现在兴趣爱好上。

我是阳光的、积极的、贪玩的、活泼好动的；同时，我又是很努力的，知道自己想要什么。

年少时我得尊重父母的想法，这就造成了我在青春期那几年里感觉"兵荒马乱"，但又培养了丰富多彩的兴趣爱好。

绘画之路

　　所有的艺术都是共通的，绘画、音乐、模特、表演等，都是在用美好去表现美好，用阴暗去表现阴暗。学习一门艺术的所有经验都可以积累下来，用于其他艺术领域的感知与表达。我系统地学习艺术要从高一说起，但那时候我学的不是模特，也不是表演，而是绘画，确切地说，是素描。

　　高中时比较贪玩，学习成绩一般，专注力也不是很强，父母担心我考不上好大学，所以提前把我送到一个暑假培训机构学习美术。

　　当然，美术以及其他所有的艺术课都不是考大学的捷径，学起来也并不轻松。它和文化课不同，文化课考的是理性思维，是对知识的系统把握与运用，哪怕是文科的课程，也是如此。而艺术课考的是感性思维，更侧重于情感的感知与共鸣，通过一些技术性的训练之后，用技巧去表达情绪。这两种课程有着本质的区别，但并没有哪个比哪个更容易、哪个是考大学的捷径这一说。任何专业，要想取得好成绩，都必须付出百分之百的努力。不过，在努力之外，每个人的天赋也决定了自己更适合什么方向，在哪个方面更容易取得成功。

　　虽然只接受过两年绘画训练，学过一些基础课程——素描、水粉，但我仍然表现出了某种叫作"天分"的东西。那种我隐约感受到的天分，其实就是一种自我探索，在找到明确的道路之前，我只能不断地去试错。很少有人能在年少的时候就弄清楚自己这一辈子要走的路。

学绘画那两年，文化课必须跟着同学们一起上，但绘画课占满了整个学期，我每周只有一天可以休息。学过绘画的人应该都知道，学素描的初期很考验耐心，一张纸，一支笔，一块橡皮擦，让屁股粘在凳子上，一笔一画勾勒出物件的模样。通过透视、阴影等技法，呈现出立体感，让实物跃然纸上。

我生性好动，坐不住，画画对我来说的确是一大考验。也许是出于这个考虑，妈妈要我学画画。老师每天都在讲述如何画球体，如何画正方体，如何画一些球状的水果，或者把正方体、球体的结构运用到描绘人体结构上。绘画的基本功是观察力、表达力、耐心，而调皮的我也会努力认真地听讲。不过有时候坐不住，可能思绪早已经飞到九霄云外去了，我就会睡觉，或者悄悄溜走。你知道的，没日没夜地画，能坚持一段时间已经不错了。那时候，我看到窗外的云、教室外行走的人群，就会觉得出去走走、活动活动多好啊。当然，我也没少因为逃课、上课睡觉而挨骂。

当时整个美术培训班有一百多个人，当你的素描过关之后，才能进入水粉班。这个过程也像是玩游戏，不断打怪升级。首先就是画纸的升级，从八开纸到四开纸，再到两开纸。纸张的尺寸越来越大，要求你画的细节越来越多，哪怕是一个阴影的呈现，阴影和光源的过渡区，每一笔都必须清晰地呈现在画稿上。其次就是颜色的升级，从黑白升级为彩色，也就是你所用的工具从铅笔升级为水彩颜料。

　　两开纸的素描过关，得到老师的允许之后，你就可以进入水粉班，从造型开始，慢慢进入色彩阶段。素描基础打不好，便没办法进入下一个阶段。

　　在绘画班里，我总是不按常理出牌。大家画素描都特别细致，追求极致的真实感，而我快速地跳过那个阶段之后，似乎找到了一些自己的风格。大概因为我比较好强、大大咧咧，所以我起稿就和大家用的笔不一样，我用最黑的 8B 笔，而大家都是用 2B 笔。你说我好高骛远也好，急于求成也罢，但我就是不按常理出牌，打破一些既定的规则之后，我发现了一个别样的世界。

　　8B 铅笔是个什么概念呢？铅笔根据软硬程度可以分成很多种，目前常用的就是从 9H 到 9B，我们常见的写字用的就是 2B。B 之前的数字越大，笔就越软，炭黑的颜色就越深。大家拿 2B，我会用 8B，最后画出来的风格和大家的都不同——他们的更细腻，而我的更粗犷、更狂放。我生性好强，希望被老师认可，这种渴望都凝成这些豪放粗犷的线条了。没想到，还真得到了老师的认可。

在学习素描一个月之后，我就以前三名的成绩进入了水粉班。

一楼的素描教室墙上的画有一半都是老师的，特别优秀的学生作品也会被挂在墙上。我有几幅素描作品也被老师装裱起来挂在墙上，当时有种飘飘然的优越感。现在想想，年少时如果能够抵抗住那种优越感的话，或许我会在绘画这条路上多坚持一段时间。

素描成绩过关的同学，陆陆续续将自己的画材从一楼搬到二楼。看着墙上挂着自己的画，偶尔有其他还在学素描的同学请教自己，我没想到自己也可以去指导身边的同学，觉得那仿佛是一种表彰、一种肯定、一种战功。有那么一瞬间，我在思考自己是不是可以朝着绘画的路一直走下去。当然，我知道这一切都得益于小时候妈妈给我安排了那么多兴趣班，比如国画班、书法班……画了那么多年齐白石，总算在高一那个暑假感受到了什么叫厚积薄发。我所有的积累，所有读过的书、走过的路、经历过的事、看过的风景，总会在某一天，以某种形式被体现出来，成为生活中美好的点缀。

　　只是，我没有抵挡住那种"成绩的光环"的诱惑，那种骄傲或者说虚荣带来的美好感觉，渐渐松懈下来，我被落在了后面。由此看来，"满招损，谦受益"的确有它的道理。

　　我性格里活泼好动与积极阳光的一面，造就了我起笔喜欢用鲜艳的黄色、红色，而且笔法粗犷、豪放。很多同学都喜欢用淡黄色起笔，慢慢地、细致地去表达，色彩逐渐加深。我脑海里的静物不是一个个局部，而是整体的、直观的，不需要仔细推敲、修改，我第一眼看到它的样子，就直接把它画出来。我笔下的物件，可能还原度没那么高，静物和静物之间的距离也会产生一些变化，但是我在色彩搭配上的大胆创新却是深得老师认可的。太多人都拘泥于严格按步骤进行，可创作怎么能千篇一律呢？按照规定好的步骤，每个人都可以画出一样的东西，那还叫艺术吗？艺术就应该有个性，就应该

体现作者的性格、创作时的情绪，以及对这个世界的感知和看法。

我喜欢明亮的颜色，也喜欢画美好的东西，比如画苹果，画阳光照进窗户的样子。我希望画出来的东西就像我的心情一样美好，也希望看到我的画的人能感受到那种情绪。我不喜欢黑暗的东西，虽然很多人会用阴暗的东西去表现一些复杂的、古怪的感觉，但是我不行。

记得有一次老师让我们画一个瓶子，瓶子的正面是骷髅头，两边是骷髅的胳膊，胳膊上还有一个头，非常诡异，我就有点无法接受。如果是画漫画，我可能还可以接受有一点哥特风格的东西；可是写实，它是通过艺术的手段去呈现一种真实的生活状态，我还是希望它是积极的、充满正能量的。

　　不同性格的人，看世界的方式也不同。我们绘画老师的性格很内向，心思细腻，话不多，能够很细致、精致地去呈现他所感知到的一切。而我比较开朗活泼，我的笔触，在表达我对世界的感知时，我觉得是流畅的。虽然说不上优秀，也没办法和老师相比，但这是我自己的表达方式。

　　正因为每个人的方式不同，才会产生那么多不同的艺术家，他们用不同的技巧、不同的笔触、不同的介质去表达自己对世界的看法。

　　绘画老师指导我们的时候都很简单：这里太少了，这里太强了，高光在哪里……更多的时候，他就只是静静地坐在那里，在一张二开大的纸上画素描。他画得很慢，我们画一幅素描，一天基本上就可以定型，再精修一下就可以完稿，而他一天只画一小点。但是"管中窥豹，可见一斑"，哪怕是这一丁点，你也能看出他的用心，他会把每个部分都画得非常完美。

我们在画画的时候总会先画出一个大轮廓，再慢慢画轮廓内的东西，而老师从来不画轮廓，好像那个轮廓早就已经在他心里了。这大概就是所谓的"胸有成竹"吧。哪怕是一丁点一丁点地画，到最后你也不会觉得他笔下的东西比例不对，或者哪里的光线没打好，一切都是恰到好处。这就是他厉害的地方。但他在教我们的时候，又是从一些基本功入手的，给白纸一样的我们传授一些基本的技能，再往后，我们就会形成自己的风格。

我素描过关进入水粉班后，觉着自己很强。我和其他两个率先进入水粉班的同学边画边玩，竟有些飘飘然。

然而，画素描的那种优越感并没有持续太久，一两周后，越来越多的人从楼下的素描班搬到了水粉班，我不再是最优秀的了。良好的素描基础并没有让我一直保持优势，很多后来的人慢慢超过了我。我渐渐懂得，那种优越感也不会永远陪伴着我，所有值得骄傲的东西从来都不是轻易得来的。

虽然那时候我的绘画成绩考大学绰绰有余，但我得承认，我的性格很难让我对绘画一直保持兴趣，没有了兴趣，也便失去了继续努力下去的动力。

直到某一天，我们在学校里上课的时候，来了一家模特培训机构的老师，在我们学校选学员，一共选了两个，其中一个就是我。

人生真的很奇妙。现在以演员的身份再回头看那时走过的路，觉得那时自己的情况、感情颇为复杂。就好像人生之路被封在一个盒子里，谁也不知道打开的是哪一条路。到了一定阶段，该朝哪个方向走，打开盒子的那一瞬间，一切就已成定局。从无数种可能性变成一种可能性，变成已经被决定好的路，这是必然的。如果那时候我坚持画画，还会有今天的王旭东吗？

没能坚持去做一件事，对所有人来说都是一种遗憾，可对我而言，现在看来，我似乎要感谢那时自己没有坚持。不然的话，我可能就是"画家王旭东"，或者"设计师王旭东"，或者其他什么了。

当然，我也有可能在经历各种波折之后，仍然会走到今天的路上来。

人生，大概就是这般奇妙，没到最后，谁也不知道等待自己的是什么。但是有一点可以确定，那就是你必须努力，让自己走一条尽可能好的路。在能力范围内，让自己过得更好。

重新开始

相信我们小时候都一样，听闻了不知从哪里传来的传说，就对其深信不疑。比如，看见流星要许愿。

我的模特生涯，可能就是一颗我人生中值得许愿的流星。

当时，或许因为太年少，没有足够的耐心去学画画，热情减退之后，我觉得能做模特成了自己的"救命稻草"。于是，我抓住它一闪而过的尾巴，许了愿。

小时候在电视上看过很多走秀的节目，模特的气质，引领潮流的服装，模特面无表情但酷酷的感觉，都深深地吸引了我。谁没有在年少时迷上一切引领潮流的东西、酷的东西、别具一格的东西？那时候我穿着华丽的衣衫，有着高挑的身材，甚至每天走在上学的路上，都把它当成 T 台，戴着 MP3，里面放的都是秀场的音乐，节奏感超强，每一个步子都踩在鼓点上，想象着所有路人都为我而来，目光聚焦在我身上，驻足欣赏。

当美好的想象和现实碰撞的时候，听到的是内心破碎的声音，有一种撕裂的痛。我跟爸妈说，我想去做模特，他们都不同意。

我爸说，你花了那么多时间、精力去学画画，又花了那么多钱，现在突然说不学了，这像话吗？阳台上摆了那么多颜料、那么多纸，还有那么多成品、半成品，怎么办？不能把一件事情坚持做下去，半途而废，就是不像话！

那时候我学画，两年时间大概花掉了三四万，包括买各种画材的花费、报班的费用，还有交通费，等等。我知道我中途改学其他东西会浪费爸妈很多钱，但我有自己的道理。当我发现学绘画需要一整天坐在那里，和自己死磕、和作品死磕时，我就觉得这压根不是我所喜欢做的事情。如果把绘画当作一种兴趣爱好，那完全没问题，但是当作毕生的志向，那会把我逼死的。我爸的说法没错，可是，去做我自己所喜欢的事，让自己过得更开心，这也没错。

事实上，学做模特之后，我在大学里也遇见过很多美术生，有学设计的，有学绘画的，有学雕塑的，他们每天都坐在那里，通宵画画，白天再去上课，太累了，太辛苦了。大家的底子都很好，要想脱颖而出，就必须比别人更努力。好多人大一的时候就往死里拼，在画室里画画，回到寝室里还画画，为的就是在大二细分专业的时候，能够分到一个出路更好的班里去。

　　每个人都有适合自己的路。我一直坚信，这是一种社会分工，是社会对我们每个人的定位和安排。表面上看我们是在按照自己的兴趣选择人生，但我觉得，这个社会有许多岗位、身份的需求，而我们则是在"对号入座"，选择了适合自己的路。

　　记得我被模特培训学校的老师从教室里选出去的时候，有种恍惚感。小时候觉得模特很酷，没想到有一天自己也会被专业的模特老师看中。当时的心情，就像很多艺人在接受采访时说自己逛街时突然被星探发现了，或者有些人陪朋友去面试时自己却被选中了一样。

　　我忐忑地说："老师，我的身材条件不太好。"嘴上说着否定自己的话，心里却觉得，天上掉馅饼的事竟然也会在我身上发生。不过高二的时候，我的确比现在胖得多。加上我其实挺敏感的，也没有自信、没有安全感，不管多努力，总觉得自己不够优秀。没想到模特老师说："你要记住，不管怎样，一定要对自己有信心，也要对我们有信心。我们既然看好你，就一定会把你的身材调整到最好的状态。"

　　我跟父母说，模特培训的费用差不多要一万块，他们不同意。我知道，他们心疼的不是这个钱，只是害怕我又要从头开始，这样的话，以往学习绘画的经验全都没用了。他们担心的是我的人生出路。或许那一刻我并不太清楚模特会不会是我的人生出路，但我知道，我用了两年的时间去学画，去试错，得到了一个答案：绘画一定不是我终生的事业。从头开始并不可怕，可怕的是一开始没走对路，却不能及时止损。

当我在绘画的路上走得很吃力的时候，看到一颗名叫"模特"的流星，我许了愿，希望得到父母的认可，也许这是一条全新的路。可是，父母和好多在大学当老师的亲戚都反对我，也许是因为他们并不完全了解模特这个行业。然而，我很坚持。我知道，如果考不上大学，那肯定与大学无缘了，但我也不希望父母花很多钱，让我去读一个很差的学校。关于未来我会做什么这件事，父母很担心，我自己也很担心。僵持一周之后，妈妈终于妥协了。她知道，不管我以后做什么，只要是我热爱的，能开心地去做，她就心满意足了。

魔鬼训练

我还记得妈妈带着我去模特培训学校报名那天的情景。

培训学校在一栋七层的小楼里。七楼是办公室，练功房在六楼。妈妈带我去了六楼，看了训练的教室，整个教室很大很空旷，全是木地板，四周的墙上全是镜子，和舞蹈教室一样，你可以看到自己的每一个动作是不是标准。

来到报名的办公室，老师跟妈妈介绍了模特专业培训的一些情况，然后又交流了一下我能上哪些大学。

　　妈妈交完钱就走了，整个过程我们没有交流太多。我想，当时妈妈也许是在下一场赌注，赌的是我一定能坚持到最后，模特一定是我喜欢的，也能当成事业来做的职业。

　　不管怎样，我是开心的。在离开了看不到希望的绘画之后，我投入了另外一个全新的领域。那时候，对于未来，我并不清晰，但是我知道，我应该抓住任何可能的机会。现在看来，绘画是艺术，模特是艺术，相比之下，模特更接近我现在所从事的工作。其实，不管是做模特还是做演员，我都渴望通过自己敏感的内心去捕捉情绪，去表演，去表达情绪。

　　妈妈的妥协，或许不仅是因为一个母亲对孩子毫无怨言的付出与爱，还因为她从我的表情及眼神里看到了某种下定决心之后坚定的信念，这让她知道，她做的一切都是对的。

年少的我们，在心智完全成熟之前，总是很容易把任何事情完美化、简单化，当时的我也一样。

第一天上课，我特开心，兴奋得不行。但是一周下来，我发现一切并没有想象的那样容易。是的，要想做好任何事情，都是不容易的。

也许有人觉得，你学模特不就是走两步吗？学表演不就是照着剧本演吗？学音乐不就是吼两嗓子吗？哪有那么容易！"台上一分钟，台下十年功"的说法一点都没错。所以，一定不要轻易去评判别人所做的事，尤其是你自己所不了解的领域。别人或许很优秀，或许不那么优秀，他或她的目标不是轻易就可以实现的。别人努力的时候，你可能完全没看到。

当时模特培训班上有四五十个人，每天参加培训，六天一休，周六上半天课。每天早上六点多就起床，七点出发，八点到学校，开始走台步，拉伸四肢，一直要走到中午十二点。女生穿高跟鞋，男生穿皮鞋，一段时间下来满脚都是茧，痛也得走。如果当时有微信计步，我估计每天起码能走五万步。午休之后，继续练习。为了保持身材，根本不能好好吃东西，老师也不允许我们吃得太好。

学校旁边就是一条小吃街，非常繁华，再旁边就是万达、大观园等大型商场，人来人往，好吃的东西非常多，很诱人。但是，我又不能吃。记得有一次，我特想吃一个包子，那包子刚出锅，热气腾腾的，味道特别香，那画面我真的觉得特别美好。我说："老板，来一个包子。"话刚出口，老师就在旁边咆哮："王旭东，你吃什么包子？！"吓得我只好说："老板，不要了。"老板一边拿着包子，一边满脸问号。老师经常在这附近吃饭，他总是神出鬼没地出现在我们面前，不让我们吃东西，因为模特要保持身材。

那时候每天早上吃个鸡蛋，喝一碗玉米面粥，还不是大米粥，而且鸡蛋的蛋黄也不能吃。中午就吃一块西瓜，或者一块哈密瓜，靠着里面的糖分维持身体所需。

说实话，十六七岁，谁禁受得住这些，搁谁都会有退缩的心态。但我知道，我没的选。家里人都挺"老派"的，他们能够理解美术、唱歌这种更讲究"技术"的行业，却不能理解模特、电子竞技这种新奇的行业，我软磨硬泡，甚至说考不上大学就不念书了，出去工作挣钱。终于，在这样的攻势下，我才获得从绘画转向模特的机会。我没有可以让我后悔的选项，当时压力很大，但我只能顶着，硬着头皮坚持着。我知道，我只能通过这一条路走向大学。我也相信，熬过去，我就一定可以做得更好。

The most important thing
for people to grow up is to
learn to like themselves.

减肥训练

　　学艺术从来不是成长的捷径，大多数艺术生在面临艺考这个难关的时候，努力的程度从来不比文化生差。

　　也许有人只看到有些艺术生不爱学习文化课，特别调皮，特爱玩，但事实是，面对艺考的时候，追逐梦想的时候，他们不只在精神上备受折磨，身体上也很痛苦。

　　路就摆在那里，上天对我们每个人都是公平的。

　　高三整整一年，我每天都处在疲倦与痛苦中。上午是走台步训练和拉伸训练，音乐不停就不能休息，音乐停，休息一分钟，然后接着走。下午大家排成好几排，训练亮相。这项训练结束之后，休息半小时，开始减肥训练。

现在想想减肥训练都觉得可怕。

本来中午就没有吃什么东西，下午根本扛不住，还要训练。训练的项目是从一楼一路小跑爬到七楼，然后再折返回到一楼，这样算一次。瘦的人，跑五次左右，微胖的跑七八次。高中的时候，我体形偏胖，你能想象我要跑多少次吗？二十次！妈妈带着我来报名的时候，我从来没想过这七层小楼会如此让人绝望。

这二十次的折返跑步爬楼，越跑越疲倦，越跑越绝望。最可怕的是，老师全程坐在监控室里看着。一层到七层的楼道里都有监控，每跑一层，就要对着监控打招呼，老师都会记录下来。总有一只无形的眼睛盯着你重复做如此让人绝望的运动，那种感觉，现在想想，都觉得很酸爽。但也是值得的，不然的话，我想练就现在这样的身材，还不知道需要多长时间呢。

老师还会记录我们爬每层楼的时间，不能超过一分三十秒。我基本上跑到第四次的时候就浑身没力气了，腿软，但还是必须坚持跑完剩下的十六次。

魔鬼般的训练，才能造就魔鬼般的身材。

每次训练完，第二天根本起不了床，下半身特别疼，从脚指头到屁股剧痛无比。

父母看到我那种状态，很心疼。但我知道，这条路是我自己选择的，所以我从来没向他们抱怨过一次，也从来没有说过放弃。那时候我的毅力还蛮强的，现在想想，还挺佩服当时的自己的。那时心里只有一个念头，我要减肥成功，我要上大学。家人不看好我选择的模特之路，我就一定要证明给他们看，我可以考上大学。我要向他们证明，自己不是个半途而废的人，哪怕重新换了专业，一样能够做得很好。

很多事情，只有经历过才会明白。经历过那段魔鬼般的日子，我的专业能力成了班级里最好的。

为了减肥，上完模特培训课之后，我还会再去健身房锻炼。进健身房前，我会吃一个小馒头，在健身房跑一小时步之后，再喝点酸奶。有时候实在太饿，受不了，就喝两袋酸奶。我坐在马路牙子上一边喝酸奶，一边等车回家，觉得自己很热血，可是也很委屈。有时候我在跑步机上一边跑步一边哭，真的，很心酸，眼泪止不住地往下流。

每天如此大的运动量，如此少的食物，虽然没有晕倒，但身体也出现了一些"后遗症"——血压偏低。如果不是体形的原因，我想我早就晕倒住院，最后不得不放弃了吧。很庆幸，哪怕是流过泪，我也坚持下来了。

只要你知道自己想去哪里，有了目标，几乎没有做不到的事。因为换专业，不被理解，当时大概下了过去这二十多年来最大的决心，哪怕没有老师督促我，我也坚持每天去健身房。所有那段时间里不为人知的委屈，到最后都换成了自己的成绩。

眼泪流进心里

关于委屈，我其实想说，所有的眼泪，自己悄悄流，不要让别人看到。倒不是觉得男儿有泪不轻弹，而是我觉得，既然那些努力过程中的辛酸泪流出来了，那就让它们悄悄流进自己的心里吧。你不是为了博得谁的同情，你也不需要同情，所有的同情都会是你继续向前的阻力。你的眼泪是委屈、是辛苦，但绝对不是表演给人看的。

一个人，在自己喜欢的领域要想做出成绩，单靠喜欢是远远不够的。要想成功，你必须付出比别人更多的努力。

减肥、健身那段时间所受的委屈，我不觉得自己需要同情，我不希望别人可怜我。虽然现在看来，当时的自己确实挺可怜的，甚至说起那段时间的事都会流泪，但是面对所经历的辛苦，我更愿意得到赞赏和鼓励——你做得很好，你很厉害。

　　我家里人不看好我的选择，我自身的条件也不太好，我要向大家证明自己可以成为最好的。来自外部的压力以及内心深处对梦想的渴望，迫使我只能做好一切。那些东西督促着我前行，其实挺好的。我想，往后的生活，我可能不会遇到减肥的痛苦，但也会遇到很多来自生活的困难、来自他人的不信任、来自自己内心深处的自我证明的痛苦。生活对每个人都是公平的，你选择努力、吃苦、奋斗，那你得到的是苦难之后的开花结果；你选择安逸，享受当下，你也会得到当下的快乐。也就是说，无论你选择了怎样的路，都得接受。不能说，你选择了当下的安逸，看到别人得到更多时，又觉得凭什么闪光的是别人。凭什么？凭人家努力过。

　　如果有人有过和我一样的减肥经历，就知道，被饥饿折磨的时候最可怜，你看着别人吃好吃的，自己只能吃几片西瓜，那滋味真不好受。说"痛不欲生"可能夸张了，但真得让人受尽折磨。

　　因为我是我们班最胖的，我的训练比别人更苦。我们吃什么，也是根据我们的身材来决定的。当时每天吃着西瓜，还会被教练说，西瓜也要少吃一点，因为西瓜糖分高，但其实西瓜里面的水分很多，吃了也不像吃饭那么抗饿。每天我看到一些比自己瘦的人喝羊肉汤、吃包子、吃米线，那种感觉才叫绝望呢。督促自己坚持下来的是谁呢？不是老师，也不是爸妈，而是自己。你在下课回家的路上吃点别的东西，没人会发现，但你自己知道。自己花费那么多时间、精力去减肥，因为偷吃而没有效果，自欺欺人，又有什么意义呢？

模特训练时还有舞蹈课程，因为没吃多少东西，做几个动作就累得不行，躺在地上看别人表演。别人跳得很好，我们累趴下的人，躺在地上为他们鼓掌。谁不希望那个被掌声包围的人就是自己呢？

当我熬过来后，觉得大学的军训也不过如此，因为我经历过更严苛的训练。进入大学，以一个全新的形象去面对所有人的时候，没有人知道我曾经历过什么，我也很少跟其他人提起那段时光。

你知道，你可以做到，那就去做。等到最后，你所收获的一切都是你应得的。然而，你过去所经历的困难，未必就是这一生要经历的最大的困难，往后的路还长着呢。

每一颗流星都能经受住和空气的摩擦，最后发出耀眼的光芒，让所有人的愿望实现。每个人都能坚持度过最艰难的日子，在自己的领域里、在自己的能力范围内闪闪发光，最后获得所有人的赞扬。

"偷懒"的军训

听好多人说过军训多么多么辛苦，教官一点都不近人情。也听很多人说过军训半个月，和教官产生了深厚的感情，军训结束后，看教官回军营会有些不舍。

我在高中经历了比军训更艰苦的减肥训练，减肥训练的强度是针对个体的，而军训不管多严格，也是针对所有人的，不可能像要求军人一样去要求十七八岁的学生。所以，在我看来，军训项目，包括站军姿、走正步什么的，都还好，算不得多辛苦。

大一军训的时候，给我留下深刻印象的，并不是我觉得比别人更轻松，而是有种被照顾的感觉，因为我是艺术生嘛。我完全没有那种被严格要求的感觉，当然，很多应该做好的事情，教官还是会严格要求的。比如，很多其他专业的男生都被要求剪头发，然而因为我们是模特，本身就需要表演，会有一些审美上的需要，所以，教官并没要求我们必须把头发剪短。在军训项目上也会对我们宽松一些，教官特能理解我们，不希望我们被晒得太黑了。

大概这些军训的教官常常负责我们学校，他们知道我们要参加很多比赛，如果穿泳装走秀的话，脸晒黑了也不好看，所以对我们比较宽容。总之，我们得到了很多照顾，好像为我们开了特例。

我从高中开始就节食，晚上都不吃饭，顶多吃一点水果。军训那几天，有一次突然闹肚子，我就请了病假，几天之后好些了，教官就让我在大树底下休息，陪着大家一起军训。

后来好多同学看我这样，依葫芦画瓢，便去请病假。教官其实不知道我们这群人耍了小聪明，所以还是会对我们网开一面。现在想想，能被一脸严肃的教官如此照顾，我一定是经历了一次"假军训"。

军训完，我没有像那些故事里说的，舍不得教官走。但是我由衷地觉得，教官真的理解我们这个专业对颜值的在乎程度，他们是真的爱我们啊！

模特生涯

今何在说："也许每个人出生的时候都以为这世界是为他一个人而存在的，当他发现自己错了的时候，便开始长大。"

很长一段时间里，我都是没心没肺地玩过来的。调皮、玩闹、打游戏，我都有过，我也不爱学习，甚至觉得表姐那种以学习"为生"的人都是奇葩。但经历过一段时间的探索和试错之后，我知道自己应该去追寻什么了，那一刻，我长大了。

我不再觉得自己可以无拘无束，想怎样就怎样。

我的这个变化始于我从学画画转变为想做一个模特。

是的，爱情也好，工作也罢，甚至人生，我们都得在试错中不断进步。我在模特这条路上并没有走多远，不过我觉得这个试错非常重要。换个角度想，相比找到人生方向，花几万块钱去上补习班，或者像我一样去尝试几种充满可能性的选择，所需的时间、精力、金钱的成本已经很低了。很多人穷其一生，都在为自己的人生找出口，而有的人很幸运，早早就找到了。我呢，不算早，也不算晚，恰到好处吧。

我承认，我比较好强，不服输，我会努力去争取我想要的东西。不过，这也算是一种自我鞭策吧。

刚进大学的时候，我松懈了好长一段时间。大一下学期开始，学校安排了很多社会实践的必修课，还有各种模特比赛。当时心想，糟了，大概半年都没有好好管理身材，也没有好好学习了，感觉自己好像落后了一大截，存在失败的风险，这让我突然就开始认真起来。比赛就是竞技，竞技就有排名，我不希望自己在竞赛中输，所以努力去做得更好。既然学了模特专业，我就很希望能被经纪公司签约，正式走上模特道路——这是这个专业里每个人的目标。

那时候我每天坚持训练、坚持跑步，还去健身房。冬天的时候，整个长春仿佛动漫里的冰雪世界，大雪覆盖着整个世界的时候，仿佛也刻意给我的训练增加了难度。

我已经坚持三四年没有吃晚饭了，中午吃完饭之后，迎接自己的就是一整个下午的健身房训练。为了迎接接

Don't follow others' steps when making your own trip.

Living beautifully, dreaming passionately, loving completely.

下来的比赛，我坚持锻炼了好长一段时间。尽管我非常有把握，可最后什么奖都没拿到，就特生气。我已经很努力了，而且觉得自己非常优秀了，可为什么就是不能拿奖呢？

我非常不甘心，将悲愤化为力量，开始更加疯狂地健身，疯狂地上训练课，疯狂地学习文化课，直到后来，专业课成绩第一，甚至还拿了学校的奖学金。可是大二比赛的时候，我仍然没拿到奖，连"最佳模特奖"都没有拿到。

没能拿奖这件事，成了那段时间我训练最大的动力，我像魔怔了似的，和自己较上劲儿了。功夫不负有心人，错过很多小奖之后，我终于拿下东北赛区的亚军，然后等待着去北京参加总决赛。

　　大二下学期，为了参加北京的总决赛，我拼命锻炼身材。每天下课，健身房已经关门了，我没有地方跑步，就去学校操场。我站在操场边，鼓励自己，一定要拿奖！

　　东北的冬天，室内有暖气，你不觉得有多冷，可在零下十几摄氏度的室外，别说跑步了，能挪动步子就很不容易了。那么冷的天气，会让你的四肢都失去知觉，风好像会穿过你的衣服，穿透你的胸膛，带走你身体里所有的温度，甚至可能会顺带"捎走"你的耳朵，你会觉得整个身体像被风吹没了似的。

　　我在操场上跑步，尽管戴着口罩，但是跑到最后连呼吸都很吃力，吸进去的冷气就像变成了冰锥，扎透了整个身体，然后从体内穿出来。那种疼痛，我以往从未感受过。头晕、缺氧，再加上寒冷，终于，几天后我就坚持不下去了，将活动地点换成了宿舍。回到宿舍，空间有限，我就改成了跳绳，每天跳一两千个。跳绳、拉腿，我每天晚上从七点练到十点。短短一个月，就瘦了十几斤。

第一次到北京，去的是 798 艺术中心，那里是模特的聚集地。当时，我对模特这份职业充满了希望，我觉得自己注定要来这个地方。现在想想，那时候自己太过乐观，对模特这个工作还不太了解。因为从小到大我看到的只是台前秀场的样子，或者平面模特的写真、海报，并不了解这背后的事情。其实，任何一份职业，如果你只看到它光鲜亮丽的一面，那么可以说你连门都没有入，更别谈了解它的本质了。

当时我在百子湾的酒店里住着，每天都提心吊胆的。我觉得这场比赛对自己来说太重要了，紧张得根本就没办法吃东西。但是没想到的是，我在初赛时就被刷掉了。是的，初赛就被刷掉了，我挺失望的。或许是我把它看得太重要，以至于表现得不够好。而且模特要求要有个性，还要很酷，但在我这张可爱的脸上却很难找到这些。为什么会出现这样的状况？我期待已久的总决赛，竟然会是这样的结果！

我思考了很多，终于明白，或许我并不属于这个自己追逐了好多年的行业。有时候想想，人生的成功并不完全取决于你有多努力，而是你所走的路是不是真的适合自己。

我以东北赛区的亚军身份到北京参加总决赛，整个专业的人都以我为傲，把我当作"希望之光"。以往我只是一个普普通通的大学生，突然之间，似乎学校里的所有人都知道了我。

王旭东得了亚军！

王旭东代表着我们学校！

王旭东得了东北赛区亚军，要去北京参加比赛了！

可最后呢，我却在初赛时就被刷掉了。我不知道别人是怎么想的，反正要强的我觉得自己挺失败的，又会以另一种形象成为所有人谈论的话题。就好像自己突然被扒光了丢在操场上，被数以万计的人围观，那种羞耻感，让我如坐针毡。

虽然我看起来活泼外向，但其实挺没安全感的。敏感的我，那天晚上难过了好久，很怕回到学校，回到熟悉的环境中，被扑面而来的负面消息击中。

这时候，有一个蛮有名的模特经纪公司将我签下，开启了我短暂的模特生涯。尽管被签约了，但我也没有觉得多开心。有种东西像鱼刺一样，卡在喉咙里，让我不得不去关注它，每一次折腾，都被刺得生疼。

半年的模特生涯，加上那次比赛，让我整个人非常疲惫。我开始想，大概我真的不适合这个行业吧。在当时的境遇下，在那样的状态中，我没有工作，住在长春，而经纪公司在北京，每一场品牌面试，我不得不从长春飞到北京，没有人报销机票，单是经济上的压力，就让我喘不过气来。

我又不愿意向爸妈伸手要钱。我知道，如果我告诉父母自己需要他们的资助去参加品牌面试，他们会毫无怨言地支持我，可是，我不想。

我不希望给父母增加负担。随着年纪渐长，我的责任感越来越强，总想着依靠自己的能力去面对问题。

比赛失败，再加上几次面试都没有成功，我发现，我这样青春阳光的长相并没有优势。其实模特行业根本不看重长相，而是看重一种专属于模特的"气质"，那就是你必须是一个天生的衣架。而天生阳光的我，注定和模特这个行业有着不可逾越的鸿沟。怎么说呢，我穿上华丽的时装也很好看，可我那张脸总会让人跳戏。

尽管之前我努力了好几年，可参加完那场比赛后，我才渐渐发现，我压根儿就不是做模特的料——因为我长得太"嫩"。这样的话，在模特这个行业里可不是夸人的。换句话说，就是我不时尚，没有国际范，不够特别，没有特点。我要坚持做平面模特，那没问题；可要想做走台的模特，想做出成绩，那就太难了。你看看那些在国际上走红的中国模特，他们都很大气、很有个性、很酷。他们的气质，也不能用我们日常所说的"青春""可爱"来形容。而我的外形、我的气质，正好和他们相反。

女生长得很"美"，男生长得不够成熟、很阳光，都不行，因为模特行业根本不吃"偶像派"那一套。虽然模特和演员都是在表演，可隔行如隔山，这两个行业有着本质的区别。如果是做演员，经纪人看到我的时候，可能会说，这个男生挺阳光的，适合演一些高中生的角色。然而模特行业的标准是，你要有风格、有范儿、有时尚感，穿衣服要有气质，如果你能呈现出衣服的美，那你就是最好的。所以说，这是两个不同的评价体系。

模特评价体系中对"帅"的定义还是比较偏的，是"不符合大众审美取向的"，从某个角度来说，可能更艺术些。

你作为一个模特，要穿出这个衣服的风格。如果有人说你穿这件衣服显得很帅，那就是失败的。模特重点展示的是衣服，而不是人。如果有人评价说，这个模特真有气质，衣服穿在他身上真好看，那才是对他最高的夸赞。人要衬托衣服，就是模特行业的标准。按照这样的标准，可能从一开始我就被淘汰了。

那次总决赛失败，让我对模特这个行业有了更多的认识，也对自己有了更多的认识。但认识得太透彻之后，我也看到了这条路的终点。说不委屈、不难过，那是假的，毕竟我在这个行业里坚持了很多年，也努力了很多年。我突然意识到自己所做的一切都失去了价值，模特这条路我根本没办法继续走下去了。

那天，我和来自全国各地的在总决赛中被淘汰的人一起喝酒、吃饭。饭桌上，我们互相安慰，这次失败不算什么，后面的路还很长，这只是一个阶段性的经历而已。但回到酒店后，我还是哭了，感觉眼泪流进了心里，冲掉了自己所有的憧憬与热情。

我失败了，这和我究竟有多努力无关，也和优秀与否无关。我也渐渐明白，能够及时止损，才能走得更远。

告别T台

曾经无数次幻想，自己能身着华丽衣衫，从 T 台后面走出来，像烟花一样，绽放我的青春，展现我的帅气。其实，青春从来就是一场美丽的烟花。

十五六岁时，模特培训老师看上了我高挑的身材，把我从画室里拉出来，也给我描绘了一幅美好的职业画卷。少不更事的我，非常执拗，终于，父母答应了我的请求，说：去吧，喜欢做模特，那就去学吧。虽然父母并不真正了解模特这个行业，但还是任由我莽莽撞撞地去尝试。其实，天底下所有的父母都一样，他们觉得孩子这一辈子能健康、开心就够了。

年少时做选择，看不到模特行业的竞争，看不到幕后的辛苦，看不到模特行业的工作氛围，更看不到人与人之间的复杂关系，只一味地放大了它美好的一面。后来置身其中，我才知道，应付那种复杂的关系，足以让我疲惫，这一路走来磕磕绊绊，很多事，需要打碎了牙齿和着血咽下去。身边的人，不管认识与否，你都得全情投入，和他们好好相处，去努力经营自己的人际关系。然而，我天生不擅长与人交际，如果是情投意合的朋友，自然能玩到一块儿去，可是在职场，即使再不熟悉、再不喜欢，也得配合"演出"。我不得不承认，我非常欠缺那种在模特行业生存的情商。

到底我还是一个单纯的少年啊！

谁不想永远是少年呢？谁又能永远是少年呢？可惜，现实的撕扯让阵痛来得太早，总让人招架不住。

　　对模特这个行业失去热情，甚至绝望得想要逃离，不是自己不愿意去面对一切坎坷，而是我始终相信，每个人应该有适合自己的去处。你迷茫时，可能未必能清晰地描绘出自己要走的路是怎样的，但是你一定知道不符合自己期望的路是怎样的。现在回过头去看自己那几年学习模特的时光，我一点不后悔，我付出的任何心血都不会被白白浪费掉。

　　曾经，我和同学们一起健身，相互督促，一起奋斗，共同成长。一群十五六岁的少年一起憧憬大学生活，那段时光、那种心情，十年、二十年后都不会忘记。曾经，我们为了梦想努力过、热血沸腾过。我想，就算以后我再也不会接触模特这个行业，但这些经历和体验却是弥足珍贵的。

如果当时没有学模特，那么我就不会减肥成功，我的身材就不会变好，也就没有现在的气质，更不会对表演有一些基础的认识，也不可能被后来的经纪公司看上，拥有演戏的机会。虽然我没能在模特这条路上继续走下去，但仍然充满感激之情。

离开模特行业之后，有一次，一个姐姐推荐我参加了一场走秀。开场时，当所有灯光聚焦在舞台上时，那么多双眼睛盯着自己，我仿佛又找到了少年时那种被万人瞩目的热血沸腾的感觉。

那天的 T 台表演，让我有些迷离，好像是一场告别。我虽然没能实现 T 台梦，但做演员的这个梦正在悄悄萌

芽。我满怀着期待已久而又不得不告别的心情完成了那段 T 台表演。那段 T 台表演好像是一个总结，证明我曾经来过。

后来，我和模特公司解约，经朋友介绍进入演艺行业。年少时做过的"不切实际"的演员梦突然实现后，我有种莫名的惶恐，怕自己做不好，也怕辜负了朋友带给自己的这次机会。我刚接触演员这个职业，而且又是非科班出身，再加上自己特别重视，甚至把它当作是带自己走出生活困境的救命稻草，那种忐忑的心理，只有自己懂。

在学习专业的表演课程之前，我就被带到了剧组，拍了自己的第一部戏。虽然是个小配角，但是我无比紧张，甚至觉得像做梦一样。

一个人在北京漂泊，交房租都很困难，却要走艺人的路线。我没有底气，非常惶恐，当时是经纪人的多番鼓励，才让我重拾了信心，有勇气去尝试表演。当时，我心里想：王旭东，加油！努力一把，你会做好的。如果把握不住这个机会，从小当模特、当演员的梦就都破灭了。所以，你不能再错过这个机会，必须好好加油。

现在回头想想，我最初花了很长的时间去学习模特，后来却走上了演艺之路，并取得了成功，不能不说我是幸运的。这看似是偶然的，但又似乎是冥冥中注定的事情。

通过学习模特，我培养了自己的气质，塑造了完美的身材。我学会了通过一些肢体动作去表达自己的情绪，去展示自己身上的衣服。现在看来，这一切不都是在为当演员做准备吗？

　　经历了很长一段时间的忐忑和不开心后，我看不到模特这条路的曙光了，但我依然不后悔曾经走过这样的路。我所有的经历，都是为了此刻——做演员。

　　其实，我们经历的事、遇见的人以及所学的知识，最终都会把我们引向一个方向。这样的结果，看似偶然，却又是必然的。似乎我命中注定要朝着这个方向走下去。

　　我表面上看起来很逗、很暖、很搞怪，其实内心深处却住着另一个敏感、感性的自己，那个自己让我能很好地感知角色的情绪，但也在很长一段时间里让我没有安全感。

　　读大学那会儿，因为没有安全感，我挑了特靠里的位置坐着，好像蜷缩在一个安全的角落里，就能增加底气。

我期待着大学生活很快乐，能和室友和和睦睦地相处，但总是对未来有些不确定。

刚开始做艺人，我很担心粉丝突然不喜欢我了，而去喜欢别的艺人，特别害怕失去粉丝。

这么些年，尽管我渴望出去旅行，但是不太敢自己一个人出去，总希望和很多朋友一起出去。谨慎让我和不确定的事物保持着安全的距离。

后来，朋友王义博给了我很多鼓励，还有好多好多的粉丝护着我、爱着我、心疼着我，我才终于有了足够的自信。这时，我才明白，演戏不仅是通过自己的表演向观众呈现一个温馨动人或悲伤残酷的故事，给观众传递某种情绪，也是一个自我学习和自我成长的过程。反过来，观众又给了我自信，给了我快乐，给了我爱，在某种程度上，是他们让我变得更加完美。

这种相互促进的过程，让我终于明白了表演艺术的真正魅力。

Chapter 3

这世界一直有人 爱着你

我一直觉得自己虽然大大咧咧，

但也是个感性、内敛、害羞的人。

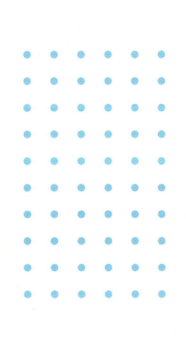

父母总是最爱你的人

年少时最不缺的就是冲劲。

刚进演艺圈的时候，我的确没有把握做好每件事，不知道演员这个行业到底需要哪些方面的知识。我纠结、惶恐、忐忑，又充满了好奇心。每个人总会在人生的某些关键路口有这种复杂的情绪。

我们永远都不会知道前路有什么在等待着自己。这也许就是人生的魅力之所在吧。如果什么都有把握，人生毫无波澜，那么我们又会陷入另外一种困境中。

很多学模特的朋友都没能坚持在这个行业里走下去，

我自己或许算是比较幸运的了。当时我心想，经历了巨大的事业创伤，不能在模特这条路上走下去，我还会怕再失去什么吗？喜欢，就去做，如果做不好，就再找一份工作。不过，万一做好了呢。就像那句话说的：梦想还是要有的，万一见鬼了呢！

当你有了破釜沉舟的决心时，大概就进入了所谓的触底反弹的状态了。不管朝着哪个方向走，你都是在不断上升。

当我做出放弃模特之路去演戏的决定时，忽然想到父母可能也有所疑虑，怕我这一次放弃模特之路，就跟几年前放下画笔一样，徒劳一场。他们会想，我的家族里没有任何人从事演艺工作，演员这份工作是不是也不靠谱呢？然而，即使父母心里有万千困惑，但他们毕竟是我的父母，到底还是爱我的，总会默默地支持我。

在追求梦想这件事上，我一直有自己的想法，不愿意受束缚，自己所热爱的东西，总是会用尽全力去争取。我知道，我不需要讨好任何人，我唯一要面对的就是自己。

好强的性格，让我一直固执地走在与别人不同的路上。

这么多年来，父母一直包容着我的任性，不管我做怎样的选择，他们都给予最大的支持，所以我不想再给他们添麻烦。大二之后，我就再也没有问家里人要过生活费。那时候我做模特，拍平面广告，拍婚纱照，接了不少活，收入虽然不多，但足够应付自己在学校里的生活开支。

然而，来北京的第一年，刚开始做演员时，我还是向爸妈要钱了。这件事我记得特清楚。那时候刚到北京，租房都困难，自己一个人，真有点无依无靠的感觉。没有固定的收入，要想在这座梦想之城立足，真的不容易。来自全国各地的人在这里打拼，很多人满怀希望地来，也有人像汪峰的《北京北京》里唱的那样，梦想破灭，悲伤地离开。我当时就想，必须留下来。我知道，做演员的梦想，只有在这座城市里才有可能得以实现。当时我问爸妈要了五千块钱付房租，他们二话不说就打给了我，我说我会还的。在我正式成为演员，有了收入之后，我就第一时间把爸妈的钱还了。

我知道，只要我们能好好工作、好好生活，何止五千块，五万块他们也会给，而且从来都不求回报。父母把我们养育大，花的钱还少吗？但是，这五千块我坚持要还，一方面，我不希望他们担心；另一方面，我想向他们证明——你们的孩子长大了，在规划未来这条路上有自己的想法，也能挣钱养活自己，实现自己的梦想。还给他们五千块钱，有着远远不止这些钱本身所含的意义。

能做自己梦想的事，对我来说是幸福的。我的幸福，对父母来说，就是他们这一辈子最期望的事。他们知道我做演员能挣钱，这是一份稳定可靠的工作，所以都很支持我，从来没有提过我是不是浪费了几年学模特的时光。

中学时，父母对我的管教一直很严格，出去干什么了，几点回家，回不回家吃饭，都要了解清楚。也正是那段时间，我养成了很好的自律习惯，但也开始渴望飞得更高，看看更广阔的天空。

　　我知道父母的管教都是出于爱与关心，而我唯一能向他们证明自己的方式，就是靠自己的能力过得更好。

　　有时候想想，觉得年少时我就像父母手里的风筝，他们害怕我在飞向天空的路上迷了路，找不准方向，等我长出翅膀后，找到当演员这份让我觉得值得去闯荡的事业之后，他们便放下手里的风筝线，不希望自己成为我的羁绊，放手让我去飞，飞得更高，在狂风中学会独当一面，成为一个更优秀的人。我是独生子，我想，大概他们看到我努力展翅高飞的时候，很欣慰，但也有不舍。终于把孩子培养成人了，现在他要自己去闯荡天地了，就剩下父母自己了。每个人的父母都是这样的，都是那么不容易。

庆幸，我们曾一路同行

人和人之间的相遇真的是一种缘分。

和 DD 相遇出于偶然，但重逢，仿佛就是冥冥中注定的。

从绘画转向模特之后，整个高三我几乎都处在艺考的训练当中。走台步，锻炼形体，然后去一个又一个学校面试。未来在哪里，我不知道，只能摸着石头过河，每一次都仿佛是最后一战。

天津师范大学是我报考的第二所学校，毫无经验可言，非常迷茫地就去了。十七八岁就被告知，你要通过一场走秀来决定自己的人生方向，我的压力真的好大啊。我是否能去好大学，我能不能把自己辛苦学习了那么久的模特当成以后一直要坚持的事业……所有这些东西堆在心里时，我难免会惶恐。当时，我在后台焦急地等待着，等待上场，等待一个可能存在的答案。

我一直觉得自己虽然大大咧咧，但也是个感性、内敛、害羞的人。在等待上台之前，我紧张得不行，就是那种从未有过的坐立难安，于是我就去买了个口香糖，一边嚼一边想着消除内心的紧张。

因为紧张，我一直流汗，神经紧绷到我都害怕汗水把比赛的服装给弄湿了。

"哥们儿，有这么紧张吗？"休息区里一个男生对我说。

我看了看他，用力地点了点头："是啊。"

"没啥好紧张的，考试嘛，我们尽力就行，其他的就听天由命喽。出去走一趟，老师看得上，就选，看不上，那就下一个呗。"

"行。"

他淡定的神态，让我也淡定了许多。这个人就是DD，他后来成了我的室友，大学四年最好的朋友。其实，我们并不是被天津师范大学录取的。好像老天开了个玩笑似的，那次面试之后，我们再也没见过面，只是我们没想到日后会在一千多公里外的东北师范大学相遇，不仅读同一个班，还被分在同一个宿舍里。

那天DD安慰我之后，我们各自沉默着，没想到几分钟之后，他突然说："给我也来个口香糖吧。"

其实他也很紧张。我们一起坐在休息区抖腿，好像就能抖掉紧张一样。

我说："你刚才不是说你不紧张吗？"他就在那儿哈哈地笑了。

能和 DD 成为好朋友，是因为我们有着某些共性。

虽然我们不能完全成为彼此的镜子，但我们都特能聊，而且能说到一块儿去。这一点，我感觉在我另外一个好朋友王义博那里也适用。志趣相投的人，自然会互相吸引成为朋友。

青春年少时的友谊总值得怀念。那时候，我和 DD 就是典型的"臭味相投"，我们一起搞笑，一起玩游戏，一起健身，一起吃饭，一起哭，一起笑。

在我们的共同经历里，最搞笑的可能就要算我们相识那次了。

　　在天津师范大学面试的后台，我分给他口香糖，然后我们一起上台表演，走完全程，亮相，再往回走。通过这么短短几分钟的亮相展示，要让老师看到我们的专业素养，看到我们的基本功，这就决定了我们是不是可以进入下一环节。让我完全没想到的是，我紧张得忘了吐口香糖，含着口香糖完成了表演，而且还鬼使神差地在亮相的时候嚼了三下，正好被面试老师看到了。那时候，我就站在距离老师不到一米的地方，老师问我嘴里在嚼什么。

　　现在想来真是很搞笑，那是我这辈子犯的第一个大错。可是当时我一点都不觉得搞笑，而是吓得不行。被吓到后，我也不觉得紧张了，整个人就呆在那里。DD还在一旁戳我，让我把口香糖吐出来。我连忙道歉，说自己确实太紧张了，忘了吐掉。没想到就这样我还进入了复试。大概老师觉得我很重视这场面试吧，没扣分，反而加分了。也许他们也觉得我这个考生有点好玩。不过我复试并没过，辗转面试了好几个地方，也失败了。如果当时被天津师范大学录取了，我就再也不可能和DD相遇了。

还有一个很搞笑的事，是发生在DD身上的。

我们俩发生争执的时候，谁也不让谁，都坚持自己的观点。

刚进大学那会儿，我在玩《英雄联盟》，他在玩《地

You never know how strong you really are, until being strong is the only choice you have.

下城》，我就一直劝他和我一起玩《英雄联盟》，他打死也不肯。大二的某一天，他突然莫名其妙地来找我，说："走，你教我怎么玩《英雄联盟》吧。"

没想到我带他玩了几局，他就上瘾了。

之前是我劝他玩，后来他的游戏瘾比我还大。我打游戏都挺节制的，从来不会影响学业。就算现在工作了，做演员，不拍戏的时候我会在家里玩游戏，但从来不会没完没了地玩。可是，DD上瘾之后天天都叫我去玩。这时就换我怼他了："要是你一年之前跟我学了，那我们就可以一起多玩一年的时间了。"

不过他也没啥游戏天赋，只玩一个英雄——提莫队长。如果你玩过，就一定知道，这是个"猥琐英雄"。提莫队长有句台词是"提莫队长正在待命"，鉴于他屡屡送死的惨样，我后来都不太想和他组队了。我常常调侃他，把他的台词改成了"提莫队长正在送死"，哈哈！

不过，我觉得我和 DD 之间是有一种默契存在的。

我和他之间，即便不说话，也会知道对方开不开心。

我们从来不会说什么"我给你买礼物啊""来，让哥抱抱啊"之类的话。我们都知道对方喜欢吃什么，不开心了，就说"走，哥今天请你吃好吃的"。没有什么不开心是不能用吃解决的，一顿不行，那就两顿喽。

他喜欢吃蟹堡、鸡肉堡，我比较喜欢吃麻辣烫。他不开心了，我就陪他去吃汉堡；我不开心了，他就说"走，咱们去吃麻辣烫"。我们很少会煽情地安慰彼此。男生本来就嘴笨一些，而且男生之间表达友谊也会更隐晦一些。我们之间更多会用一种调侃的方式，嘻嘻哈哈地开开玩笑，让负面情绪一扫而光。

但是我们也对吵过。

我已经记不得那次是因为什么吵架了，但是吵得特厉害，室友都来劝我们了。你知道，男生嘛，吵架也不伤和气，加上我们俩是好朋友，性格相似，脾气都倔，吵完也并不会真的放在心里。那次吵完，谁也不认输。可没过十分钟，我就坐在床上说："帮我递个苹果吧。"他就说："不拿。"我说："快点啊，那么磨叽干什么？"他就说："好好好，拿！拿！"他把苹果递给我，我们俩就没事了。现在想想，特像小孩子闹脾气，转身就忘了。

大概也只有这样的友谊才更牢靠，禁得住考验吧。就算现在我们各自都在忙工作，平时也不能像大学时那样整天待在一起玩，但我们还是会常常发黑照去损对方。

其实男生普遍比较邋遢，尤其是在学校的时候，宿舍很难一直保持得整整齐齐的。我们不像女生那样经常打扫屋子，可能一两周才做一次大扫除。平常都各扫自家门前雪，擦擦自己的桌子，整理自己的衣服，但是只要想认真打扫卫生，我们就能从房顶擦到地板，把寝室收拾得锃光瓦亮。

我想这也是我们俩的共同点吧，做起事情来，非常专注，意志力也很强。

大学四年，我们俩相依为伴、相互扶持，就这样一路走了过来。逃课什么的，我们从来没干过。我们会互相帮助，一起做作业，当然不是抄答案那种，哈哈！我们还一起健身，一起运动，一起参加比赛，相互鼓励。

当然，虽然我们如此要好，但也经历了"第三者"

的危机。他谈恋爱了！我们说好彼此"相依为命"的，可他怎么就悄悄去谈恋爱了，而且瞒了我好久？这事儿，我挺生气的，你谈恋爱就谈吧，为什么要悄悄地谈，半年了都不告诉我？

当时我就说："你这太不仗义了！怕我阻拦你吗？怕我抢了你女朋友吗？这不行，你得请我吃一年的饭才能扯平这事儿。"他哭笑不得，说："吃一年？那不给我吃破产了，哈哈！"

柏拉图在《会饮篇》里讲了一个关于爱情的故事。

在远古时代，男人和女人是一体的，其能力可以直接威胁上帝。上帝很愤怒，就用法力把男人和女人分开，削弱了他们的力量。就像巴别塔的故事一样，语言也会削弱人的力量。

被分开的男男女女开始变得忧伤，他们在人群中不断寻找自己原生的另一半。他们和异性拥抱，有的人找到了自己原生的另一半，有的人没有，因此不断拥抱别人，甚至伤心欲绝。

被分开的两个人是互补的，是你强我弱或者我强你弱的。

DD 和他女友就是完全互补的两个人。DD 看起来有点不正经，有痞子气，却是多愁善感、有灵气、痴情的，对女朋友打不还手、骂不还口。这和他高大帅气的外形有些不相匹配。但他内心的柔软，却又是他最真实的一面。就像你走进无尽的黑暗，发现一处亮光，你就知道，对，那就是让人有安全感、值得信任的东西。

也许你在网上见过各种"撒狗粮"的，但当你像我一样，如此近距离地品尝一顿"狗粮盛宴"的时候，才会觉得——我的天哪，你还能不能给我们这些"单身狗"留一条活路了？

　　他和女友几乎每天都腻歪在一起。是的，这个女孩把那个曾经陪我一起健身、学习的人抢走了。那段时间，他们恨不得把一天变成 48 小时，然后每分每秒都待在一起。

　　他们一起吃饭、一起上课、一起玩，晚上回到各自的宿舍还要视频，一直聊到睡觉，常常打电话就能打到半夜。自从他们谈恋爱后，简直"无法无天"，我们再也不能一起跑步、一起打游戏了，再也没有人给我们寝室的人带饭了。你能想象吗？有时候我大清早起来，发现他床上没人，他已经去找她了。DD 恋爱了，我们寝室集体"失恋"了，多好的一个帮我们带饭的人啊，从此以后只为某个妹子带饭了，好气！

好像他们永远都有说不完的话，他们心里除了彼此，就再也看不见、听不到其他任何人和事了。

不过这个女生的脾气也很倔，还很傲娇，你可以说她很可爱，但她绕不过来弯儿的时候，也会因为很小的事情就和 DD 吵起来。除了吃啥喝啥，校园里的情侣还会因为别的什么问题而吵吗？

DD 是一个高高大大的男孩，每次和女友发生争执，都像个受了委屈的小媳妇一样——"你知不知道，我好难过啊，我要喝旺仔牛奶。"哈哈，每次想到他一难过就喝旺仔牛奶，我就觉得还蛮有喜感的。可是看他难过

的样子，我也没办法笑出来。他喝不了酒，一喝酒就过敏，所以就狂喝旺仔牛奶。似乎那一刻不管喝点什么，哪怕是牛奶，只要能让呼之欲出的眼泪以某种形态往心里流，就行了。

现在想想，他们俩其实挺甜蜜的，也挺般配的。每次他喝完旺仔牛奶，即使她再不好哄，他也会没脾气地去找她。争吵在感情里总是利刃，割伤了谁，都会疼痛，不挠很痒，挠了又会留下疤痕。

有一次，他们吵架了，DD大概实在受不了了，内心憋屈，就提了分手。女生脾气倔，不好哄，DD话语强硬，内心却很矛盾，最后说："以后再也不要和她在一起了，她回来倒追我，我也不答应。"一边说，一边眼泪止不住地往下流。

　　我劝他再努力一次吧，兴许说开了也就好了。第二天，他去找她，最终也没有说开。那天晚上，他把我叫到楼道里，刚说了一句话，眼泪就掉下来了。一起相处了几年，看他这样，我又怎么会好受呢。

　　不管我怎么劝他，他都一言不发，眼泪哗啦啦地往下流。他说："王旭东，没用，你现在说什么我都听不进去。你说的这些道理我全懂，可我就是做不到，我就是难过。"然后就默默地在那儿抠墙壁。那么高大一个人，突然看起来有些可怜，像个被人抢了棒棒糖的小孩子。

　　难过的情绪是会传染的，往往会传染给那些和自己关系亲近的人。看DD如此，我竟也哭了起来。他因失恋而哭，我哭啥呢？大概是感同身受吧，好像他的难过都转移到自己身上了。

最后，DD 和女朋友彻底分手了，这次他没有再喝旺仔牛奶。大概他是知道的，不管什么也救不了他的伤心。

大学时光过得真快，还没好好享受，就悄悄从指缝中溜走了。

我依稀记得高三那个暑假，妈妈让我去打工体验生活；还记得收到提前批录取通知书时的喜悦心情；还记得我不要爸爸妈妈陪着我，想一个人带着对大学的美好憧憬去学校报到；还记得我挑了靠角落的床，铺床时看到当初在天津师范大学艺考时碰见的 DD，他的爸爸妈妈也来了，我点头，叫他们"叔叔阿姨"……

我还记得，我们一起玩游戏、一起搞怪，一起在宿舍里饿着，叫先出门的室友带饭回来。我还记得，DD 要给女朋友挑礼物，问我应该买什么，我说挑个手镯、项链、戒指什么的，然而，爱做手工的他竟然买了玉石材料，亲手给她做了一个手镯。我还记得，在我的"逼迫"下，他不情不愿地给我做了一个木质的手镯。他花了三周时间捣鼓，寝室里尽是他用机器打磨手镯的声音，弄得我都睡不好觉。

我记得后来 DD 去了他爸妈的朋友的公司工作，每天很辛苦，我就每天打一个多小时电话安慰他——现在刚起步，这是成长必经的过程。我还记得，他帮我配了一台性价比很高的电脑。他和女朋友分手的那天晚上，我们坐在楼道里聊了好久。两个大男人坐在那里掉眼泪，好像在做一个决绝的告别。

我记得很多东西，唯独不记得我们最后分别时的场景。

是不想记得，太过伤感了。我是个乐天派，并不太想去关注那些伤感的事。所以，印象中关于毕业的场景总是朦朦胧胧的，突然一下子我们就被推进了一个叫"社会"的大学堂，没有老师，没有同学，没有考试，连一张课桌、一张试卷都没有。

认识我的人都知道，我看起来是活泼搞怪的。关于文字，我也希望这些关乎过去的回忆都是充满欢乐搞怪的画面，让每个看到这些文字的人都能开心一些，那种分别的心酸与难过，索性就让它们跟着眼泪流走算了。

毕业，分别，我们都在长大，都在用自己的方式努力向前。

心酸也好，辛苦也罢，我们渐渐学会了用笑脸去面对。

其实，我心里更多的是感激和庆幸，感谢一路上我们同行，不管是我与DD，还是他与他女朋友，我们都在人生这辆巴士上一同前行，相互勉励，留给彼此一段刻骨铭心的记忆。就算生活欺骗了我们，我们也可以走过去，笑一笑，就是明天。

每个人都是一条曲线

1

有时候觉得人生好像就是一条抛物线，不管是向上，还是向下，走到了顶端，都会向反方向走去，最后奔向同一个去处。

回溯童年的影像，总会有那么一幅画面：门框里有一束光，打在表姐的身上，她坐在书桌前，整个人都散发着柔和的光。而门外，我和小伙伴在奔跑，脸上都洋

溢着快乐，我们是活泼的，整个画面是充满动感的。

一静一动，我和她之间形成了强烈的对比。

好长一段时间里，我都觉得这是我对表姐和我的童年最深刻的印象。

2

你信不信，每个人的去处都是命中注定的?

反正我信。但我又不是个宿命论者，从来不会听天由命。我们与生俱来的个性决定了我们的去向，在这条路上，我们会走得怎么样，达到什么样的程度，都取决于我们和命运是如何抗争的，我们是否妥协。

表姐的去处就是，她成了四邻八乡所有家长教育孩子的典范——"你看看人家，再看看你！你要是有人家一半努力，我睡觉都该笑醒了。"

表姐似乎有着超越我们所有人的能力，当我们所有人都只知道疯跑疯玩的时候，当我非常不情愿地去上父母安排的各种兴趣培训班的时候，表姐一直在学习。她是发自内心地热爱学习，好像可以学到天荒地老。

我就不爱学习，我说的是不爱一板一眼地填鸭式的课堂学习，但这不代表我不学习。我知道，每个人都得学习。只是，我确实对文化课没有太大兴趣，就算让我重回十六岁，我想我的选择仍然不会变，我仍然会走今天这条路。那时候，学数学、物理、化学都让我非常头疼，相比之下，我更喜欢历史、政治、地理，虽然我可以花大量的时间去思考宇宙、外星人的生命，以及科幻电影里所描绘的世界。

　　记得有一次，我考了班上倒数第八名，糟糕的成绩让我感到羞愧，母亲责骂了我，我难过了好久。可是，我实在没办法搞定那些细胞组织、各种化学反应的公式。我注定不是搞科研的料子，就像表姐注定要做学术一样。

　　表姐一学习就两耳不闻窗外事，甚至她爸妈劝她休息一下，出去玩会儿，放松一下，她都表示拒绝。哈哈！你能想象那个表情包吗——扶我起来，我还能学！表姐好像拥有超人的智慧，她早就看透了要通过学习让自己获得什么，把自己导向怎样的人生。

　　表姐跳级，以优异的成绩进入当时最好的高中，没有参加高考，就被浙江大学破格录取，然后去国外硕博连读，拿了高得不可思议的奖学金。看到她如此优秀，我非常惊讶、震撼，同时也觉得这一切都是理所应当的。

是的，这一切都是命中注定的。她那么多年努力学习，就是为了让自己走上这样的道路。

3

表姐对学习的热爱，大概是继承了家人的优良传统，不过也着实给我带来了不小的压力。在家里的长辈们看来，表姐如此优秀，而我却不爱学习，就是一个明显的优劣对比。

神奇的表姐从未接受过小学文化课教育。惊讶吗？她没上过小学，直接读初中，还是初一下学期入学的，两年时间，她学完了初中的课程，进入了最好的高中，而且是实验班。说出来也许你不信，其实连我自己也不信，可她的传奇事迹还不止这些呢。

她高中三年也没有完完整整地念完，就以优异的成绩走进了大学。如果说从小到大按部就班地念书是大多数人走的路，那表姐就是一直在走不寻常的路。

高二的一次模拟考试，她考了全校第一，浙江大学要破格录取她，可她却说，我不稀罕，就是参加高考，我也能去，甚至能考得更好，谁要你破格录取我呀！那时候她心里大概有更高的目标吧。

高三的第一次模拟考试，她的成绩远超浙江大学的高考录取分数线，不过她还是去了浙江大学。所以，高三下学期她就再也没有在学校里出现过。

到大三那年，她给美国的大学发去申请表，随即收到了五所大学的录取通知书，她却并没有选择最好的学校。在她看来，学习这么简单的事，在哪里不是学，只要我愿意，我就可以拿第一。所以，她去了能给她发优厚奖学金的学校，然后固执地走上了科研之路。

一个女生，本科学生物，研究生学计算机，文学功底、学术造诣都非常深厚，在大多数人看来，这简直不可思议，简直是理工科中的女学霸。要说表姐是"天赋型"选手，那是一点也没错。可她所取得的成绩又全是基于自己对学习的热爱，经过时间累积出来的，所以，说她是"勤奋型"选手，也没错。表姐似乎可以把自己所看过的那么多书形成一个庞大的知识体系，当她需要的时候，自然而然就能从自己的CPU里把那些知识调取出来，运用自如。

我们家族里的大多数人都是学霸，我姥爷是大学生，学的是建筑工程，后来成了高级工程师。从姥爷到姨妈、姨夫，再到姑父、哥哥、姐姐，全都是很厉害的人，尤其是我的几个姨，她们全家人都在大学任教。

　　如果要以"学习成绩"来评判优劣，我就是我们家的一个例外。

　　值得庆幸的是，我也有自己"命中注定"的事业。如果我跟他们一样用知识去武装自己，可能就不是现在的王旭东了。现在的王旭东，靠的是优秀的演技，而不是科研成果。

4

不得不说，能够从事演艺事业，也得益于我小时候接受的艺术熏陶。

现在看来，真不敢说小时候学国画、书法、钢琴、吉他、舞蹈时是带着爱的，对一个天生爱玩的人来说，这得多痛苦啊。可是没有那时候一股脑儿地全盘接受，哪有现在的我呢？仔细想想，更多的还得感激那时候父母的安排。

所有厚积的能量，总会在多年之后，以一种意想不到的方式爆发出来。我们回头看自己走过的路时，才发现，原来一切都是最好的安排。

学艺术对我的影响，跟表姐对我的影响是一样的，

What is coming, is better than what is gone.

I am ordinary yet unique.

多年之后回望，我才发现当时父母的期盼都成了润物无声的力量。仿佛毛笔在宣纸上跳动，刚下笔的地方墨水浓重，再往旁边，淡淡的墨汁随着纸的纹理慢慢扩散开来，随着时间的推移，一切都会显现出来。

尽管小时候我觉得表姐对书的热爱、对学习的痴迷近乎疯狂，让人不可思议、无法理解，但这么多年来，她仍然潜移默化地影响着我。这就好比再怎么天生爱玩的人，到了图书馆，看到身边的人都在默默学习，也会自觉地沉静下来，感受书本的魔力。你会不自觉地在书架之间穿梭，然后拿起一本书翻开来看，找到内心深处那个渴望向上的自己。

不可否认的是，就算我再爱玩，这么多年来也会不自觉地模仿表姐。我想很多和我一样平凡的人，也许在父母的言语中自我怀疑过，觉得自己就不是学习的那块料，可这块"料"就真的一无是处吗？为什么就不可以裁剪出一件华美的旗袍，或者舒适的麻布衣衫，或者蕾丝裙子，或者散发着阳光气息的白衬衫？所以，是个人，总有自己的价值。

其实，每个人生来就有自己应该去的地方。并不是每个人都一定适合读书、考大学，然后脱下校服，换上工装，走进写字楼去做白领，坐在电脑前发一封封邮件，下班后去赶拥挤的地铁。也许，有的人适合做画家，有的人适合做演员，有的人适合做销售，有的人适合做老师……

当我以艺术生的身份进入大学时，我才渐渐找到了自己的路。整个大学，我的专业课程分数都是全班最高的。

有人说，艺术生都是后进生，学艺术是为了考大学时"投机取巧"。可能真的有这样的人，在拼文化课成绩这条路上走进了死胡同，转而投身艺术课另谋出路，但那种人走出学校之后，又能投机取巧多久呢？一个不爱画画的人，可以通过强行训练考入美术院校，可是如果不是真的热爱，他又怎么能靠着画笔谋得生存、获得快乐呢？学摄影、学声乐、学表演、学播音主持也一样，只有带着爱，才能走得更远。

　　要想在艺术班里拔尖并不容易，我觉得那时候的努力，多少受到了表姐的影响。是的，我也可以成为引领大家的人，我也可以成为拿奖学金的人，我也可以成为班级里成绩最好的人……

5

时间有着强大的魔力，能让我们穿越记忆，看到童年的自己。就好像有一个长长的镜头，缓慢地展现出某个人生阶段的自我。

很多人成功之后会对自我的历史进行修改，然后加上滤镜，保存，发在"脑海"这个朋友圈里——啊，原来自己这么棒啊！

如果这样都可以，那大概和鲁迅先生笔下的阿Q的距离也不远了吧。

小时候，我调皮不懂事，好长一段时间里，觉得表姐也太古怪了吧，怎么可以只知道学习呢？看起来就不快乐。她卧室的墙上贴满了名人名言，一睁眼就可以看

到那么多伟人在跟自己"絮叨"，这样会做噩梦的吧。

学习好又有什么用呢？你看，都没有那么多朋友和她一起玩，她只知道和书本玩。不会是学傻了吧？

真是怪胎啊，居然不喝饮料，饮料多好喝啊，怎么可以只喝白开水呢？！

小时候不懂事，产生了这些奇怪的想法，现在想想，这只不过是对自己所处位置的惶恐罢了。只有正视那种惶恐，正视自己的缺陷，才能坦然面对接下来要走的路。

在真正开始学会正视自己的问题之前，年少的我们总是对那些比我们优秀的"异端"怀着无限的恐惧。

那时候表姐留给我的心理阴影太大，她仿佛就是一台学习机器，还是永动机的那种。"你看看你姐，又考了全年级第一，可你呢？才二百多名！"母亲的这种责难，让我一度心生恐惧：全年级五百多人，我排二百多名，不算优秀，但也不至于差到极点吧？他们恨铁不成钢，觉得我这一辈子好像完了似的。

所有孩子都有不懂事的时候吧？一生下来就很懂事，那不就是天才嘛。我能懂事也是得益于时间的力量。长大后才渐渐知道，表姐的世界里有她的黄金屋，书本带给她的安稳感，就如多年后我所从事的演艺事业带给自己的快乐一样。

我小时候，在没有找对自己的方向时，用同样的标准来将自己和表姐进行对比，结果我就输了，因而对表姐产生了恐惧感。每个人都是不一样的，又怎么能用同一个标准去画线，认为达到标准就是优秀的，否则就是平庸的呢？如果真是那样，人和人之间就没了差别，那我们又靠什么来突出自己呢？

现在我在自己事业上的努力程度丝毫不亚于当年的表姐。

她致力于做科研，而我也有自己的路要走。在实现自己目标的路上，我们又何尝不是一类人呢！就好比那么多人喜欢看《海贼王》，然而每个人都在非常努力地实现自己的目标。我表姐通过不断储备知识、不断搞研究来带给自己快乐，而我通过对情感的理解和表达，带给更多人快乐，这些人反过来又带给我快乐。

她在学术上取得成就时的那种感觉，就像我做演员拿到奖项、得到观众认可时一样。现在回过头来再去看看，发现我们在不同的轨道上，有各自的浮浮沉沉，有各自的经验教训，有各自的成就感与喜怒哀乐。

6

我一直觉得，每个人都有一条属于自己的线，一条看不见的线。

我们以自己的方式向上向下波动，然后画出最优美的曲线。我们可能相交，也可能不相交。我们可能会乘同一辆公交车，同行一段路，听着同样的音乐，迈着同样的步子……我们都会经历十六岁、十八岁、二十岁，最后到同一个地方，而那是个让我们感到快乐舒适的地方。

我和表姐就好像两条永远不相交的线，在各自的轨道上前行着。撇开学习，她就像个温和的姐姐，会带着我这个弟弟到家附近的军区去参加游园活动。当然，我们有各自的乐趣，她喜欢玩灯谜，而我永远在套圈上乐此不疲。

我们都在用自己的方式成长。

现在她三十岁了，仍然在学习。学习之于我也一样，是一生要坚持的事，不管我从事什么工作，走在什么样的路上。

偶尔和表姐聊天，发现她教育小孩，从来不会去约束小孩，限制他的成长之路。她不会像上一代人一样，觉得只有读书才是人生唯一的出路。她也从来不要求自己的孩子要像自己一样，成为一个学霸。她认为释放天性才是正确的成长方式，这一点我非常赞同。我觉得我们好像在用自己的方式诠释同一个道理。

一个人，不管长成什么样子，所追求的不过是快乐而已。

这一刻，我和表姐的人生曲线似乎又巧妙地相交了。

人生的路，到底要朝哪个方向走，需要父母打好基础，父母所垒的每一块砖，都是我们向上走的基石。不过，最终还是得靠我们自己。

就好像我决定学艺术一样，父母对我的支持，也是我快乐地走在这条路上的助推器。

我们会在人生中做很多决定，每一个决定都会像蝴蝶效应一样，在我们往后的路上产生影响。决定好之后，只能努力向前，让自己的人生轨迹变成一条优美的曲线。

就像可可·香奈儿说的，人们只有通过工作才能成为优秀的人。天上不会掉馅饼的，我需要亲自和面做馅饼给自己吃。我的朋友们说："可可将自己所碰到的一切都变成了金子。"而我也一直在努力，希望自己成为优秀的人。

朋友仿若暗夜里的灯光

1

很喜欢三毛的一句话："朋友这种关系，最美在于锦上添花，热热闹闹庆喜事，花好月更圆。朋友之最可贵，贵在雪中送炭，不必对方开口，急急自动相助。朋友中之极品，便如好茶，淡而不涩，清香但不扑鼻，缓缓飘来，细水长流。"

头一遭来到这个世界，难免会有很多不懂的地方。

我很庆幸，在成年之后，能在网络这么个虚幻的平台上认识一个好朋友，还是通过不打不相识的方式认识的。他就是王义博。

　　他年纪比我大，在后来好长一段时间里，他都像一个大哥一样照顾我，在我做得不好、做得不对的时候，开导我、批评我、帮助我。我们能遇到很多夸赞自己的人，却很少遇见能指出自己缺点和不足的人，这样的人才是真正的诤友。

　　这样的机会，能让我遇见，是多么幸运啊！

　　经过时间的洗礼之后，我更加相信，我和王义博的友谊就像三毛所说的——如清茶，当然也可能是苦丁茶。然而，我们俩在一起，经常是他怼我、我怼他，我们抢着埋单。

　　还记得我在大二时来北京参加模特比赛，签约模特公司，各种不顺利，经常辗转在经纪公司之间，往返于北京和学校之间，处在非常迷茫的状态中。就好像突然掉进了深海之中，还剩最后一口气，不断地挣扎，最后终于抓住了一根救命稻草。这样说可能有些夸张，但你可以想象，当你举目无亲、没有朋友、极度消极的时候，有个人能出来帮你，给你指明方向，那这个人肯定就是值得珍惜的朋友。他伸出的手，也是有温度的。

　　我和王义博的相识，并不是很愉悦。

　　那时他在拍《爸爸去哪儿》，就是有刘烨、诺一的那一季。

　　我特喜欢小孩，觉得小孩特可爱、很萌，就意外地发现王义博在微博上发了他在《爸爸去哪儿》里拍的小孩的照片。当时也没什么版权意识，因为觉得照片里的小孩很可爱，就保存下来重新发在了自己的微博里。那些照片也没有加水印，王义博发现之后，就跑来叫我把照片删掉。我心想，为什么要删掉啊？我不就因为觉得小孩可爱，将照片保存重发了一下嘛。他说我没有标明出处。

因为不懂，我当时还特地问了哥哥的朋友，他说："既然人家作者找来了，你就删掉。"我当时就删了，可心里还是气不过。王义博真是小气，我不就是转了几张照片嘛，如果不喜欢，我还不稀罕转呢。

因为确实喜欢小孩，也觉得王义博拍得好，删照片风波过去之后，我还是关注了他的微博。虽然心里面觉得这人小气，但觉得能在他微博上看到一些小孩的照片也不错。他可能看我关注了他，也没怎么计较，还关注了我。这就是我们相识的过程。

后来我才发现王义博是个热情仗义、有原则的人。有他这样的朋友，你会发现，有很多违反原则的事，他都会站出来说说。你做得对就是对，不对就是不对。生活中有这样一个朋友，你会感觉特别踏实，他总能"照亮"你的路。你会发现，哪怕是在黑暗的夜里，如果你觉得害怕，只要伸手，就能抓到他的衣角，就有安全感。

2

我们常常说，网友见面会见光死，这也不是没道理。没见面之前，我们总会通过网络来给彼此贴标签，猜测

对方是怎样的人。这些标签让我们以为对方就一定是这样的人。所以，网友见面总会打破一些认知。

见面之前，我觉得王义博应该是个严肃、一本正经的"老头"吧。见面之后才发现，根本不是我想的那样啊。他和我一样，是九〇后，还是个搞怪高手，更是个典型的话痨。本以为我就是个特能说的人，能连续说一个小时，没想到他比我还能说，可以连续说三个小时。

记得那时候我刚决定走演员这条路，从长春飞到北京来拍戏，发了个微博。他就说，认识好久了，也没见过面，认识一下吧。

就这样，我们两个"网友"见面了，没有"见光死"，反而聊得特别开心。我们是在三里屯的咖啡厅见面的，他和他的助手杨晗一起来的，我就觉得这两人好高啊。

我一米八八，王义博一米八七，杨晗有一米九。

那时王义博已经来北京闯荡一段时间了。

他就像大哥一样，照顾着我这个初来乍到的新人。他告诉我来北京发展需要注意什么，有些什么电影可以去看看，有什么好吃的可以去尝尝。这些看似细碎的东西，却让我觉得他就像家人一样温暖。他很热心地帮助我，当时我就觉得，这人真好。

记得我之前说过，我刚到北京时，第一次租房找我父母借了五千块钱，其实那次租的房子就是听取了王义博的意见。

我颈椎不太好，他就带我去找中医按摩。我去上了个厕所，他就把钱给付了。按摩一次五百块钱，虽然不算多，但也不少，我转给他，他却没收。

这哪像是我之前嫌弃的那个"小气"的人呢！后来我还拿删照片这事儿取笑过他好多次，他总是一脸难堪地说，往事不要再提。保护版权是他的工作原则，不能轻易触碰。

在生活中接触之后，我发现他像是完全变了个人。他不仅不小气，还非常大方。第一次见面就是他请客，直到现在还是他请客，不是我不想请他，而是他压根就不给我付钱的机会。一群朋友，十几个人，没有谁能抢得过他，他从来不让我们付钱。他一直像个大哥一样，我们在羽翼成熟之前，只需要安安心心地在他的"树荫"下躲躲风雨就好。

在他的影响之下，他的助理杨晗也抢着埋单。只有一次，我和杨晗吃饭，还使了小招，才抢到了埋单的机会。杨晗其实比我大一岁，那次我们吃完饭，他非要埋单，我就谎称说，我比他大，我是哥哥，怎么能让弟弟埋单呢，所以我就直接结账了。可这样的小心计又能玩几次呢！

王义博和杨晗都帮了我不少。当时我们都住在一个片区，不忙的时候，我就会叫上王义博、宋伊人等朋友一起出来玩。我住得离他们很近，觉得特有安全感，我知道朋友们就在距离我不远的地方。

其实王义博的三观很正，他觉得你做得不对，就会骂你，当然不是真的骂。他不会碍于朋友关系，给你留个面子什么的，而是会说出来，就像一个家长一样。

虽然我是个很要强、很敏感的人，被他说的时候，难免会觉得很没面子，但我并不是没有分辨能力，我知

道什么是好的，什么是不好的。忠言逆耳利于行的道理，其实大家都懂，只是看你愿不愿意去面对自己内心深处那个有缺陷的自己。

诤友，说的就是王义博这样的人。人生能有一二诤友，是幸事。

如果别人和你争论，他说不对，而你觉得是对的，不管别人怎么说，你都会坚持自己的观点。如果你意识到自己错了，可能当时觉得没面子，但你知道自己得改。我想，这就是一个成熟的人应该有的心态。而那些只说你好、说你美、说你可爱、说你完美无缺的人，他的话听一半就好。一味地奉承、恭维，便失去了可信度。能看到你不好的地方，也能用你可以接受的方式告诉你，那他是真心希望你变得更好。

记得我特迷茫的那段时间，整个人颓废得不行，一边谈戏，一边谈经纪公司，还要谈一些其他合作，很多事情，每天都在连轴转。当时我还在上大二，整个人几乎崩溃了。我又不想把这些事情告诉父母，怕他们担心。后来，王义博看不下去了，就把我拉到一边臭骂了一顿。他这一骂，我才豁然开朗。

　　他说，如果你现在觉得没有方向感，不知道该怎么办，那就把眼前的每件事都努力做到极致。你早上起来刷牙，把牙齿刷得干干净净；洗脸，把脸洗得特别白；洗头，把头洗得特别干净；去吃饭，每一口都嚼得很细；去看视频，把每个镜头都看清楚、看明白；下楼运动，把每一步都跑好……这样，你就会一直进步。努力生活的状态，会把你引向更好的方向，会给你一个正确的答案。

　　真的，他的这番话让我豁然开朗。我真的每天早上起来刷牙刷三分钟，洗脸也洗得很干净，衣服也洗得干干净净，出去见人时也打扮得非常得体，整个人精神状态非常好，我发现我真的进步了。我突然特开心，把积极的情绪传递给了别人，这样，别人自然会给我积极的反馈。一切在朝着好的方向发展。

　　当你有积极的生活态度时，你会把自己的困境拆分开来，然后一步步解决。不管多大的困境，你都会走出去。

3

　　都说交朋友时会遇见和自己相似的人，而谈恋爱时会找可以和自己互补的人。

然而，我发现我和王义博却恰恰相反。我们不是相似的人，而更像是互补的人。和三观正、成熟、理智的他比起来，我多少有点像是不想长大的少年，我很孩子气，会意气用事，甚至一意孤行。情绪不好的时候，可能还会死脑筋，钻牛角尖。

　　他属于成熟理智型的，我想不通的时候，他就会骂我，把我骂清醒。他才不管我会不会觉得难堪，而是想着及时把我从泥沼中拉出来。

　　但反过来，我也会说他。

　　他是个特努力的人，但也是个贪玩的人。他在腾飞的那段时间，我有幸看到了他真实的一面，看到了他的努力，看到了他的辛苦，见证了他的成长。如果他遇到困境，或者做得不对，我也会像他帮助我那样，给他指出来，帮助他走出困境。

他很爱玩，很爱旅行，很想去体验生活，追求某种内心深处所向往的东西。他花钱大手大脚，有时候也没有规划。我会说他，别乱花钱，出去玩一段时间，还是要回来休整一段时间的，别老在外面飘来飘去的。我说他，他也会不开心，但是会认真听取我的意见。

很庆幸，我大学时遇到了能互相督促、不断进步的朋友DD，进入社会之后又遇到了王义博，我们能够相互促进、共同成长。

其实我也知道，毕竟王义博比我年长，也很爱面子，不太希望我去说他，所以我会尽量委婉地提出自己的意见，或者克制自己不去说他。

很长一段时间里，王义博都扮演着一个保护我、开导我的角色。可是，他也会不开心，也会遇到难题，但他不愿意告诉我们，而是更愿意独当一面，自己消化。他更希望自己是一个能给身边的朋友带来安全感的人，而不愿意让大家看到他脆弱的一面。

可是，大哥也是人啊，我们又何尝不希望他能有那么一两次来依靠我们。

有时候我会害怕他，但不是恐惧，而是像害怕家长那样。他就像一个努力想做到最好的长辈，但我们不希望他太辛苦。

和他相识，就是因为喜欢他的摄影作品。他给宋伊人拍过不少照片，也偶尔会给我随手拍几张，但我没有叫他给我拍那种成套的照片。他本来就很忙、很累，但又特认真负责，是那种要做就做到最好的人，所以拍照都拍得腰肌劳损了。他拍综艺节目非常认真，到最后你会发现，好像整个电视台的综艺节目全让他承包了。这就是认真赢来的信任，不过信任的背后也都是辛苦、汗水。

我再叫他给我拍照，就觉得太麻烦他了。我想，我也很少有机会能像他一样成为"大哥"，但我会尽量不给他添麻烦。不添堵，就是我对他最大的"照顾"了吧，哈哈！

能有这样一个大哥，你会觉得，自己上辈子一定是拯救了地球。

4

说起王义博的正直、善良，"红星闪闪"的三观，不得不提到一件事。

记得有一次我们去 KTV，大家还在玩，我和王义博因为第二天有事，就先离开了。来到楼下的时候，遇见一个卖花的小女孩。

其实现在很多城市里都有这样卖花的小女孩，旁边还有一些家长看着。

小女孩说："买一朵花吧。"如果是我一个人，看到可爱的小孩，可能心一软也就买了，毕竟我喜欢小孩。可你说这俩大老爷们儿，买花干吗？互相送吗？不买！

小女孩就拉着王义博的衣角，不买不撒手。本来王义博也没觉得怎样，理解小女孩的苦处，但是被小女孩的这种行为弄得有点不开心了，毕竟谁被这样缠着都会不开心。

王义博很严肃地说："你妈妈在哪里？"

她说："妈妈在那边。"

小女孩看了一眼妈妈的方向，她妈妈走过来，拉着小女孩要走。

王义博就充满正义感地说："你知道你的小孩才多大吗？就不知道心疼一下自己的孩子！北京冬天这么冷，你看你的小孩脸都被冻得红通通的。这是你的孩子吗？这么不知道爱护她！如果是你的亲生孩子，你就应该多爱护她，你是她的妈妈。如果不是亲生孩子，那你诱拐孩子做这种事情，就犯法了！你信不信我现在就打

110。"

他的这番话大概让那个家长无地自容了吧。

如果是我，我可能不会说这些，我不会想这么多，顶多看到家长让小孩来卖花，以博取大家的同情心，会觉得她很可怜，有能力或者说有需要，我就去照顾她的生意，否则走开就好了。但是王义博会想到这个小孩的成长，她应该得到关爱，应该得到保护。每一个幼小的生命，都应该得到母亲的爱护。更何况是一个应该读书的小女孩，大冬天，这么冷，在北京的街头缠着陌生人买花，真是太可怜了！

他不希望看到这样的场景，他说那番话，并不是因为不开心，更多的是难过，觉得小孩可怜，但是他不会用花钱买花的方式去助长家长的行为，他是真心想保护小女孩。

我安慰王义博："或许是人家家庭条件差呢。别想太多，你已经把你想说的话说给孩子的家长了，她能听进去，就会按照你说的去关爱自己的孩子；可是如果她还是不开窍，你说再多也没用的。保护孩子，首先是父母要做的。"

这事儿已经过去两年了，至今我仍印象特别深刻。我从来没遇见过一个人，会在公共场合用这样的方式去"教育"一个陌生人，要她去保护自己的孩子。

王义博就是这样一个三观很正、充满正义感、有爱心的人。他也在一定程度上影响了我。虽然从小父母就给了我很多正向的教育和引导，但在成长过程中，我有时候也会为自己设限，而他是我见过的人中难得的能突破自己建立起来的高墙的人。在他看来，是非对错，从来都不应该糊弄过去。这也是我非常钦佩他的地方。

他都能如此帮助一个陌生的小女孩，更何况是我们这些在他的庇荫之下的朋友呢？有时候我会觉得，他是我人生中的一个"导师"，一个很重要的人。

有意思的是，就是这样一个正派、严肃的大哥，也会有一些小"癖好"。他不像我，不爱打游戏，我们俩的爱好有交集的地方很少，他的小癖好在我看来有些奇特，我特不能理解。他一个大男人，居然特爱买衣服、鞋子。

我觉得鞋子这样的东西，有几双能搭配衣服就可以了。有一次，我去帮他搬家，看到他那些鞋，非常震惊，可以说他是在收藏鞋子。他的衣服也非常多，各种皮衣、大衣，有时候我劝他别买太多衣服，他的这些衣服都够穿一辈子了。

如此真实、直率、多面的他，心里却有着对一切美的追求，或许正因为如此，他才能通过自己的镜头捕捉到别人的美吧。

愿你出走半生，归来仍是少年。

图书在版编目（CIP）数据

愿你永远是少年 / 王旭东著. —北京：中国友谊
出版公司，2018.12
ISBN 978-7-5057-4581-0

Ⅰ.①愿… Ⅱ.①王… Ⅲ.①王旭东－传记 Ⅳ.
①K825.78

中国版本图书馆CIP数据核字（2018）第276803号

书名	愿你永远是少年
作者	王旭东
出版	中国友谊出版公司
发行	中国友谊出版公司
经销	新华书店
印刷	北京盛通印刷股份有限公司
规格	700×980毫米　16开
	18印张　90千字
版次	2019 年 1 月第 1 版
印次	2019 年 1 月第 1 次印刷
书号	ISBN 978-7-5057-4581-0
定价	59.80 元
地址	北京市朝阳区西坝河南里 17 号楼
邮编	100028
电话	（010）64668676

如发现图书质量问题，可联系调换。质量投诉电话：010-82069336